Guia para principiantes acerca del Pensamiento Crítico y el cómo Solucionar problemas

¡Conviértase en un mejor pensador crítico y solucionador de problemas, usando herramientas y técnicas secretas que impulsarán estas habilidades y su toma de decisiones ahora!

Por Marcos Romero

Tabla de contenido

Capítulo 1: Cómo desarrollar habilidades en el pensamiento crítico
¿Qué es el pensamiento crítico?
Habilidades en el Pensamiento Crítico
Hechos y lógica
Rigor intelectual
Buscando respuestas directas
Piense en su pensamiento
Usted es el que está a cargo
Intercambio de ideas acerca del pensamiento crítico
Reglas para un Intercambio de ideas
El proceso de un Intercambio de ideas
La taxonomía de Bloom y el pensamiento crítico

Capítulo 2: Marco e instrumentos para el pensamiento crítico
El Paso a paso hacia el pensamiento crítico y el cómo solucionar problemas
Marco del pensamiento crítico
Herramientas para el pensamiento crítico / estándares intelectuales
Rasgos intelectuales

Capítulo 3: Beneficios del pensamiento crítico
Cualidades de un buen pensador crítico
Cuando aplicar el pensamiento crítico
Para mejorar algo
Actividades diarias específicas donde se puede utilizar el pensamiento crítico
Cuando usar el pensamiento crítico

Capítulo 4: Rutinas para mejorar el pensamiento crítico
Respirar profundamente
Sea un lector entusiasta y un sintetizador de la Información que escucha
Practicar la autocomplacencia
Practicar el establecimiento de metas
Conozca sus debilidades

Viaje extensamente
Mejores prácticas para mejorar la capacidad de pensamiento crítico

Capítulo 5: Técnicas, estrategias y habilidades
Estrategias para desarrollar el pensamiento crítico en los estudiantes
Cómo enseñar el pensamiento crítico en las escuelas
Estrategias de enseñanza para el pensamiento crítico

Capítulo 6: Tipos de pensamiento crítico
Razonamiento lógico
Razonamiento científico
La psicología del pensamiento crítico
Dominio teórico
Dominio de la metodología
Dominio práctico

Capítulo 7: Ejercicio para el pensamiento crítico
Es hora de pensar críticamente
Análisis de los hechos y aplicación de la lógica
Ejercicio de pensamiento crítico
Pensamiento crítico para los estudiantes
El pensamiento crítico en el lugar de trabajo
Habilidades poderosas relacionadas con el pensamiento crítico

Capítulo 8: Pensamiento Crítico vs. Pensamiento No Crítico
¿Qué es el pensamiento no crítico?
¿Cuándo es probable que le ocurra el pensamiento no crítico?
Antecedentes del pensamiento crítico
Diferencias entre el pensamiento crítico y el pensamiento ordinario
Características de los pensadores críticos
Hábitos alimenticios que impulsan su pensamiento crítico
Obstáculos del pensamiento crítico y cómo superarlos
Hábitos críticos de la mente

Capítulo 9: Pasos, procesos y técnicas de resolución de problemas
Definición de un problema
Análisis del problema
Síntesis de un problema
Importancia de la solución de problemas
El proceso de solución de problemas
Técnicas y herramientas necesarias para la solución de problemas
Barreras de la solución de problemas
Capítulo 10: Habilidades para la resolución de problemas

Introducción

Felicitaciones por la compra de la *Guia para principiantes acerca del Pensamiento Crítico y el cómo Solucionar problemas:* ¡Conviértase en un mejor pensador crítico y solucionador de problemas, usando herramientas y técnicas secretas que impulsarán estas habilidades y su toma de decisiones ya! y gracias por hacerlo. Si pensamos creativamente y críticamente o no, podemos determinar el éxito y los fracasos en cada aspecto de nuestras vidas. El cerebro humano siempre es propenso a las distorsiones, la irracionalidad, los sesgos cognitivos y los prejuicios, que en la mayoría de los casos afectan a nuestra capacidad de razonar. Con la adquisición de este libro, usted ha dado el primer paso para aprender cómo convertirse en una mejor persona en la comunicación a través del pensamiento crítico efectivo y las habilidades de resolución de problemas. La información que encontrará en los siguientes capítulos es muy importante ya que le ayudará a tomar el control de cada situación en la que se encuentre debido a la capacidad de considerar múltiples visiones del mundo.

Con ese fin, este libro proporciona una visión general en profundidad del pensamiento crítico, destacando su marco y sus elementos, así como su uso cotidiano. Abarca los rasgos intelectuales universales de un pensador crítico, incluyendo el coraje, la humildad, la empatía, la autonomía, la integridad, la perseverancia y la confianza. El libro abordará de forma exhaustiva las estrategias clave necesarias para desarrollar las habilidades de pensamiento crítico. Un concepto interesante cubierto en este libro son las cualidades de un buen pensador crítico, que pueden ayudar a medir sus habilidades de pensamiento crítico. Con este conocimiento, usted será capaz de aprender cómo convertirse en un solucionador de problemas de calidad y uno que puede pensar en los problemas desde diferentes perspectivas.

Hay varios libros que abordan la importancia del pensamiento crítico en el mercado, ¡gracias de nuevo por elegir este! Me aseguré de que el libro esté lleno de tanta información útil como sea posible. ¡Por favor, disfruten de la lectura!

Capítulo 1: Cómo desarrollar habilidades en el pensamiento crítico

Los tiempos están cambiando, y nos guste o no, la forma en que vivimos y trabajamos ha cambiado con el tiempo, gracias a la globalización y a las innovaciones tecnológicas. En primer lugar, nos enfrentamos cada vez más a problemas complejos que afectan a la sociedad, como la depresión económica, el calentamiento global, las crisis financieras y la contaminación. Frente a las diversas opciones para la solución de los problemas, nos vemos obligados a desarrollar un buen pensamiento y generar ideas creativas en un esfuerzo por resolver los problemas. Por otro lado, tanto la globalización como la tecnología han afectado nuestras vidas personales. Tenemos un exceso de información disponible a nuestro alrededor, y lo que aprendemos diariamente puede quedar obsoleto en un futuro próximo. En medio de los beneficios de la información, cada vez nos enfrentamos a más desafíos al competir con personas de talento en todo el mundo. Para tener éxito, debemos poseer buenas habilidades de pensamiento para la toma de decisiones fiables y el razonamiento adecuado.

¿Pero qué significa tener buenas habilidades de pensamiento? Tener una buena capacidad de pensamiento significa que se evitan los dos principales defectos del razonamiento: tener un sentido del absurdo y un sentido de la obviedad. Significa que te conviertes en un pensador crítico, una persona adepta con habilidades que pueden permitirle manejar las complejidades del mundo. Las buenas habilidades de pensamiento pueden permitirnos alcanzar la integridad intelectual necesaria para tomar decisiones acertadas.

Por lo tanto, en este capítulo, vamos a tener una clara comprensión del concepto de pensamiento crítico, de quién es un pensador crítico y de las habilidades que posee un pensador crítico.

¿Qué es el pensamiento crítico?

El pensamiento crítico se refiere a la capacidad de pensar racional y claramente, entendiendo la conexión entre las ideas lógicas. El concepto ha sido objeto de mucho debate desde los tiempos de los griegos, filósofos como Sócrates y Platón, y ha continuado siendo un importante tema de discusión en la era moderna. El pensamiento crítico podría describirse como la habilidad de uno para comprometerse en un pensamiento independiente y reflexivo antes de tomar una decisión. Se trata de ser un aprendiz activo en lugar de un receptor pasivo de información.

Los pensadores críticos hacen preguntas rigurosas sobre ideas y suposiciones en lugar de creer en cada información que reciben al pie de la letra. Los pensadores críticos siempre intentarán saber si los argumentos, las ideas o los hallazgos representan la verdadera imagen y están muy abiertos a averiguar si no lo son.

Cuando se piensa críticamente, se llega a desafiar constantemente la información que se da. Digamos que, en el aula, aunque una fórmula matemática parezca obvia y estadísticamente probada, aun así, intentarás identificar una nueva y mejor fórmula.

El concepto básico del pensamiento crítico es muy simple: es un arte de hacerse cargo de tu propia mente. Su valor es igualmente simple: si puedes hacerte cargo de tu mente, también puedes hacerte cargo de tu vida, lo que significa mejorarte a ti mismo, poner tu mente bajo autocontrol. El pensamiento crítico significa interesarse en cómo funciona la mente, cómo modificarla y afinarla, y cómo controlarla para que funcione mejor. Implica comprometerse con el hábito de cuestionar cada aspecto de su vida.

Habilidades en el pensamiento crítico

Aunque no hay un estándar universal para las habilidades específicas necesarias para ser un excelente pensador crítico, **hay 6 habilidades clave** que le ayudarán. Centrarse en ellas puede ayudarle a desarrollar una excepcional capacidad de pensamiento crítico.

1. Identificación

Para ser excepcional en el pensamiento crítico, lo primero que hay que hacer es identificar el problema o la situación, así como los factores internos y externos que puedan estar rodeándolo. Una vez que se comprende la situación y los factores, grupos o personas que la rodean, se puede comenzar a pensar más profundamente en el problema y comenzar a pensar en las posibles soluciones.

Cuando se piensa en un problema, es importante hacerse las siguientes preguntas:
- ¿Cuál es el problema?
- ¿Quién está haciendo qué?
- ¿Qué razones explican la situación?
- ¿Cuáles son los efectos, y podrían éstos cambiar?

2. Investigación

Cuando se toma una decisión sobre un tema o se comparan los argumentos a favor y en contra del mismo, la capacidad de realizar investigaciones independientes es clave. Cada argumento debe ser persuasivo. La mayoría de los hechos y cifras que apoyan un argumento particular pueden carecer de contexto o provenir de fuentes cuestionables. Esto puede abordarse realizando una verificación independiente, encontrando fuentes de información y evaluando las más fiables.

3. Identificación de los prejuicios de género o predisposiciones

La habilidad de identificar los prejuicios de género o predisposiciones en un argumento puede ser muy difícil ya que incluso las personas más inteligentes no reconocen dichos prejuicios. Un pensador crítico efectivo es capaz de evaluar la información objetivamente y juzgar ambos lados del argumento. Al evaluar las afirmaciones, es importante entender que hay posibles prejuicios de género o predisposiciones planteados por cada lado del argumento.

Igualmente, es importante aprender a mantenerse alejado de las predisposiciones personales al evaluar una situación particular. Póngase en una situación en la que pueda evaluar por igual las afirmaciones de ambas partes de un argumento, y haga un juicio efectivo.

Al evaluar un argumento, es importante considerar las siguientes preguntas:

- ¿Quién se va a beneficiar de esta escuela de pensamiento?
- ¿Tiene la fuente de información una agenda?
- ¿La fuente de información está dejando fuera información que no apoya sus afirmaciones?
- ¿Utiliza la fuente un lenguaje innecesario para influir en la percepción del público?

4. Inferencia

Otra importante habilidad de pensamiento crítico es la capacidad de inferir y sacar conclusiones basadas en la información que se le presenta. La información no viene con su significado explicado fácilmente. Por lo tanto, es necesario evaluarla y sacar conclusiones basadas en los datos en bruto.

Ser capaz de inferir una conclusión significa que se pueden descubrir y extrapolar los posibles resultados de una situación. Sin embargo, hay que tener en cuenta que no todas las inferencias son exactas; algunos datos pueden alterar la conclusión de un argumento.

5. Determinación de la pertinencia

Un aspecto clave y desafiante del pensamiento crítico es averiguar qué información es importante para que uno la considere. En muchos casos, se le presentará información que puede parecer importante, pero pueden resultar ser puntos de datos muy diminutos a considerar al tomar una decisión.

6. Curiosidad

Es muy fácil tomar cada argumento que se le presenta a usted en su valor nominal. Sin embargo, esto puede ser peligroso cuando te enfrentas a situaciones que necesitan un pensamiento crítico. A medida que las personas envejecen, se familiarizan fácilmente con el hábito de abstenerse de hacer preguntas, pero este no es un enfoque eficaz para un pensador crítico. Ser capaz de hacer preguntas abiertas es la mejor manera de aprender y adquirir conocimientos si eres un pensador crítico.

Hechos y Lógica

El proceso de pensamiento crítico implica evaluar qué argumentos tienen lógica y son factuales con el fin de separar la verdad de la falsedad. Tanto los hechos como la lógica son elementos esenciales para hacer un buen juicio.

Hechos

Internet facilita que la comprobación de los hechos de cualquier informe sea increíblemente rápida y directa, aunque existe una gran cantidad de sitios web que no funcionan y pueden agravar un error si se le da más credibilidad a un blog de un sitio web que a un libro con una investigación minuciosamente efectuada. Sin embargo, en cualquier caso, se deben buscar algunos tipos de pruebas en la fuente literaria, de las cuales los "hechos" corresponden a la capa más superficial. Los lectores no críticos, por regla general, piensan que las pruebas tienen que ver solo con los hechos, pero los lectores críticos van mucho más allá. No leen principalmente para encontrar actos; como los grandes lógicos, se dan cuenta de que el "hecho del asunto" no es básico y que existe cualquier número de hechos potenciales. En su lugar, esperan evaluar fundamentalmente los pensamientos y argumentos, teniendo en cuenta que las decisiones significativas vienen en la selección y disposición de los hechos por parte del creador.

Sopesar las fuentes primarias y secundarias de los hechos

Las fuentes primarias son el polvo de oro de un pensador crítico. Son materiales únicos de la línea de tiempo incluida que no han sido tamizados a través de la traducción o la evaluación. Las fuentes primarias presentan diferentes razonamientos, presentan e informan sobre descubrimientos, o ofrecen nuevos pensamientos o datos. Las fuentes secundarias son trozos de cobertura de noticias, o un libro sobre las opiniones, investigaciones o trabajos de otra persona. Son traducciones y evaluaciones escritas en retrospectiva.

Considera la discusión sobre el Calentamiento Global y precisamente el número de hechos que existen en ambos lados del debate. Si miras varios sitios, discutiendo sobre la misma noticia (que la capa de hielo de Groenlandia ha sido contabilizada como encogida), puedes descubrir dos explicaciones definitivas y con hechos similares que llegan a conclusiones contradictorias. Tengan en cuenta en esta discusión, como en muchas otras, que la selección de los hechos es lo importante. Por eso es esencial mirar también "detrás de los hechos".

Cuando se lee una fuente primaria, una breve declaración le da una prueba de oro para su argumento, y es aún más impresionante. Por ejemplo, si usted confía en que un investigador le demostrará que un periódico llamado Daily Wail una vez advirtió que los osos polares estaban en peligro de extinción, entonces una declaración del propio escrito es mejor que cualquier otra cosa. El Daily Wail sería, para esta situación, la fuente principal. Sin embargo, aceptar el mismo artículo como prueba de que los especialistas consideran que los osos polares están muriendo (sin mencionar que lo están) es usar el periódico como fuente secundaria.

El problema con las fuentes secundarias es que el significado podría ser distintivo en el primer contexto. Si se repasan las opiniones de alguien sobre las perspectivas de otra persona, que es a lo que se reduce prácticamente toda la composición, considérese que el creador es el canal; en lugar de creer que la persona en cuestión ha transmitido precisamente las palabras de otra persona. Por lo tanto, seleccione el contenido que utilice de forma cautelosa y crítica. Cuanto más prolongada sea la cadena de fuentes, más probable es que aparezcan contorsiones o diferentes versiones (como en una ronda de Telefono Roto).

Lógica

La lógica se refiere a la ciencia de cómo la gente evalúa el razonamiento y los argumentos. No se trata de opiniones, sino de cómo se deben formar los argumentos para asegurar que sean correctos y razonables. Como tal, un argumento lógico es aquel que tiene premisas suficientemente justificadas que son apropiadamente relevantes para la conclusión. Para seguir siendo lógico, un argumento debe considerar lo siguiente:

Forma lógica - comprender la forma de un argumento es importante para hacer un buen razonamiento deductivo. Por ejemplo, al afirmar que "si Platón es un hombre, entonces es inmortal", entonces la forma lógica, "si A, entonces B", hace una buena argumentación.

Validez lógica. Los argumentos lógicos tienen premisas que garantizan la conclusión correcta. Un argumento inválido no nos da ninguna razón para creer en la verdad de la conclusión. En tal caso, las premisas pueden ser verdaderas, y la conclusión se convierte en falsa.

Interpretación de los argumentos.- También es importante que los pensadores críticos entiendan los argumentos de la gente y sean capaces de aclararlos. Uno debe ser capaz de distinguir entre las premisas y la conclusión. A veces también es necesario identificar las premisas y la creatividad para entender un argumento lógico.

Algunas de las preguntas que pueden ayudarte a hacer que tus argumentos sean lógicos incluyen:
- ¿Todos los argumentos o declaraciones que haces encajan lógicamente?
- ¿Tiene sentido el argumento?
- ¿El argumento fluye en línea con la situación actual?

Rigor intelectual

Uno de los elementos fundamentales del pensamiento crítico es el rigor intelectual. Esto se refiere a la claridad entre los pensadores críticos y a su capacidad de pensar profunda y cuidadosamente con rigor cuando se enfrentan a argumentos desafiantes o a nuevos conocimientos. El hecho de tener este potencial significa que uno puede dedicarse a un argumento constructivo y explorar metodológicamente ideas, filosofías y teorías.

En el pensamiento crítico, el rigor intelectual de una declaración es esencial. Si la declaración o el problema que se va a abordar se plantea de manera poco clara, será difícil de entender. Si se utilizan declaraciones poco claras para tomar decisiones, el resultado es siempre incierto. El lenguaje utilizado debe ser fácilmente comprensible para las partes involucradas. Cuide el lenguaje y las creencias de los participantes para evitar el uso de términos que puedan dar lugar a significados contradictorios.

Tal vez se pregunte cómo diferenciar entre una declaración clara (rigor) y otra poco clara. He aquí un ejemplo que le ayudará a comprender la diferencia.

¿Qué hay que hacer con respecto a la cuestión de la escasez de alimentos?

La pregunta anterior carece de rigor intelectual y es de alguna manera difícil de abordar ya que uno no es consciente de lo que la persona que hace la pregunta considera que es el problema. La claridad aquí se lograría señalando el principal tema de preocupación y reformulando la pregunta para:

¿Qué tiene que hacer el gobierno para asegurar que sus ciudadanos tengan suficiente suministro de alimentos y que no haya sequía ni hambruna en el país?

La segunda pregunta es fácil de entender, por lo que resulta sencillo analizar las causas de la sequía y la hambruna y las posibles medidas para contrarrestarla. Un claro enunciado del problema hace que el proceso de pensamiento crítico sea efectivo. Asegúrese de hacer su declaración, pensamientos y argumentos claros.

Para lograr el rigor intelectual, puede hacer las siguientes preguntas:
- ¿Puedes dar un ejemplo?
- ¿Puedes expresar la declaración de manera diferente?
- ¿Puedes profundizar en ese punto?

Buscando respuestas directas

Es tentador imaginar que los pensadores críticos siempre están interesados en respuestas complejas que tienen que examinar exhaustivamente para obtener el mensaje. Sin embargo, este no es el caso. Los pensadores críticos prefieren respuestas directas que les ayuden a determinar el razonamiento de un argumento, el significado de las premisas y cómo se deriva la conclusión de los argumentos.

Para obtener respuestas directas, el pensamiento crítico requiere que se hagan las preguntas correctas. Para mejorar el proceso de interrogación cuando se aborda un asunto, se recomienda que se desglosen las preguntas.

Supongamos que usted se encuentra con un cierto problema, en la escuela o en el trabajo, y no está seguro de cómo abordarlo. Para obtener respuestas directas a la situación, hágase las siguientes preguntas:

- ¿Qué información sobre esta situación tengo ya?
- ¿Cómo puedo conocer información anterior?
- ¿Cuál es mi objetivo al tratar de descubrir, probar/desaprobar o apoyar?
- ¿Qué estaría pasando por alto?

Estas preguntas te animan a tener respuestas correctas y directas a un problema. Si te ayuda, intenta escribir las respuestas a las preguntas anteriores cuando te enfrentes a un problema. La misma estrategia también puede ser usada para persuadir a otros a obtener respuestas específicas.

Piense en su pensamiento

La mayoría de las personas que asumen que son los mejores pensadores críticos siempre se olvidan de sí mismos, siempre critican arrogantemente el razonamiento y los pensamientos de otras personas. Sin embargo, un buen pensador crítico es aquel que se involucra más en la auto reflexión, siempre tratando de pensar más en sus pensamientos.

Es importante que mantenga la vista en sus propios pensamientos. Piensa en dónde comenzaron los pensamientos, cómo se ven y a dónde te llevan. El cerebro humano siempre es impresionante y puede clasificar la información con precisión, pero la falta de autorreflexión puede animarnos a ignorar los pensamientos importantes.

El cerebro tiene la tendencia de usar la heurística para hacer inferencias rápidas sobre las situaciones a las que nos enfrentamos. En muchos casos, tales heurísticos pueden producir resultados fiables y ayudarnos a resolver problemas. Sin embargo, en otros casos, forman sesgos poco fiables que nos dirigen al camino equivocado.

Usted es el que está a cargo

Un pensador crítico debe permanecer alerta en todo momento. Para estar a cargo de sus pensamientos y hacer juicios precisos de las situaciones, es importante utilizar habilidades analíticas.

Es fácil para usted aceptar los argumentos que se hacen, especialmente en público para ser verdad. También es natural pensar que se le dice la verdad sobre las afirmaciones, y termina usted aceptándolas al pie de la letra. Sin embargo, no debe aceptar ciegamente lo que se le dice o lo que lee. No asumir que, porque algo ha sido afirmado en forma hablada o impresa, entonces es totalmente exacto, y debe estar de acuerdo con ello.

Estar al mando significa que debe ser consciente de que la gente hace afirmaciones falsas por varias razones, como, por ejemplo, engañarle para que altere su opinión sobre alguien o algo. Algunas afirmaciones falsas también se hacen por descuido o ignorancia. Otras afirmaciones, aunque pueden tener algo de verdad, son muy exageradas, mientras que otras se simplifican en exceso o son sólo suposiciones aproximadas.

Esto significa que siempre debes evitar aceptar las afirmaciones o argumentos en su valor nominal. Aprenda a mantener una mente abierta y analítica. Sin embargo, puede resultarle difícil determinar siempre si una afirmación es verdadera o falsa; el mejor método que puede utilizar para decidir si la afirmación está justificada es el método de evaluación. Una afirmación que carece de suficientes pruebas para apoyarla no está justificada. Así que, en esencia, una afirmación está justificada si es exacta y no lo está si no lo es. Sin embargo, una afirmación puede ser verdadera pero irrazonable si la persona que la hace no proporciona una buena base para creerla.

Al hacer juicios, recuerde siempre que el estándar de las reclamaciones es tal que es verdadero o falso. No hay afirmaciones que sean mitad verdaderas o mitad falsas o entre ellas. Verdadero significa toda la verdad y no permite aproximaciones o grados.

Como pensador crítico, cuando se quiere estar a cargo de cada juicio, es necesario calificar un argumento indicando los estándares que se aplican. Usa expresiones como:
- Completamente justificado
- Totalmente justificado

- Totalmente justificado

Elija siempre las calificaciones correctas para los juicios que haga sobre las reclamaciones y sus justificaciones

Intercambio de ideas acerca del pensamiento crítico

El Intercambio de ideas es una técnica popular al solucionar problemas utilizada por los pensadores críticos debido a la libertad que crea en todas las direcciones en busca de las soluciones más eficaces. El objetivo principal de un Intercambio de ideas es siempre crear un arsenal de soluciones alternativas. El Intercambio no es simplemente un medio para algún fin. Es más que eso, ya que implica desarrollar una mente creativa y crítica y aumentar la curiosidad. Con la curiosidad, nuestras mentes se abren para ver diversas perspectivas de un punto de vista particular, lo que a su vez mejora la resolución de problemas.

Reglas para un Intercambio de ideas

Puede parecer que el proceso de intercambio de ideas no tiene ninguna limitación, pero el éxito depende de la consideración de las reglas que se exponen a continuación.

Escoge un momento y un lugar. - En un Intercambio de ideas, nuestros cerebros siempre funcionan a su máxima capacidad. Es importante escoger un momento en el que todos estén de buen humor y descansados porque los estudiantes necesitan la energía para avanzar en su potencial de pensamiento.

Fomente las ideas y discusiones salvajes - Es importante asignar a alguien para que se encargue de escribir las ideas discutidas para mantener al grupo concentrado. Es necesario elegir a alguien que pueda escribir de forma legible y rápida.

La meta es cantidad -Tómese su tiempo para utilizar las herramientas necesarias para que un Intercambio de ideas genere una larga lista de opciones potenciales. Al generar muchas ideas, podrás analizar e identificar la mejor solución.

Establezca un límite de tiempo: - cuando se concentre en generar ideas, se entusiasmará porque el proceso del Intercambio de ideas requiere una capacidad cerebral máxima. Por lo tanto, debe asegurarse de que el Intercambio de ideas no dure más de una hora.

Escriba y organice todas las ideas - Asegúrese de que todos puedan ver las ideas compartidas y escritas. Organizar las ideas en diferentes categorías. Por ejemplo, podría organizar las razones de "por qué está mal robar" en las siguientes categorías:

- **Razón moral**: "Porque todas las religiones están en contra".
- **Razón práctica**: "Desorganiza la sociedad".
- **Razón extraña:** "Si tomara un objeto de alguien cuando no está cerca, lo usara y lo devolviera antes de que se diera cuenta, ¿eso sería robar?"

Deshazte de las malas ideas. Revisa la lista de ideas y selecciona las malas, hasta que te quedes con las mejores. Mientras que estés haciendo un Intercambio de ideas, la mayoría de ellas serán inútiles. Una vez que termine el intercambio de ideas, dedica tiempo a discutir cuál de esas ideas es realmente la mejor.

El proceso de un Intercambio de ideas

El Intercambio de ideas puede involucrar a una persona o a un grupo de personas. La participación de varias personas en el proceso puede ayudar a lograr el consenso, sobre todo si las ideas que se proponen requieren un cambio o una solución significativa.

Independientemente del número de personas que participen en el Intercambio de ideas, a continuación, se describe el proceso más eficaz:

1. Defina el problema

Antes de comenzar la Intercambio de ideas, debes identificar claramente el problema que estás tratando de abordar. Debe ser capaz de identificar las metas y objetivos específicos destinados a resolver el problema, así como las causas y los efectos. Si, por ejemplo, usted fracasa continuamente en una asignatura, su objetivo para resolverla debería ser, "aumentar el tiempo que paso en la biblioteca estudiando la asignatura", o "empezar a asistir a clases extras sobre la asignatura". El objetivo puede ayudar a pensar en el problema y la solución de una manera más abstracta.

2. Reconozca sus herramientas

El objetivo principal de un Intercambio de ideas es sacar las ideas de tu mente y ponerlas en un libro lo más rápido posible. Además de escribir, muchos utilizan mapas mentales y escritura de ideas (en caso de Intercambio de ideas en grupo) para ayudar a organizar sus pensamientos. Comienza anotando todas las ideas que tengas sobre el problema. Es importante notar que no hay malas ideas

3. Enfoque sus ideas

Una vez que hayas preparado y reconocido las herramientas para el Intercambio de ideas, debes comenzar a anotar las ideas que piensas lo más rápido posible. Profundiza en las ideas, que crees que son las más fuertes y que pueden ser implementadas para abordar el problema. Ten en cuenta que no hay malas ideas; piensa en muchas soluciones tanto como puedas para obtener una mejor solución.

4. Reduzca la lista de ideas

Después de hacer un mapa mental o una lista de ideas, enfóquese en reducir el número de ideas a 2 o 3. Para asegurarse de que las que elija son las mejores, hágase las siguientes preguntas:
- ¿Soy capaz de implementar esta idea con los recursos existentes que tengo?
- ¿La idea que he elegido ya ha sido implementada antes? ¿Y cuál fue el resultado final?
- ¿A quién tengo que convencer sobre la idea?
- ¿Esta idea necesita un cambio de comportamiento o un cambio cultural?
- ¿Es este el momento adecuado para la idea elegida?

5. Definir y actuar sobre la mejor solución

Después de reducir la lista de ideas a 2 o 3 ideas, ahora tendrás que analizar más a fondo la mejor solución de la alternativa. Revisar la solución que puede ser fácilmente implementada y luego planear la acción.

La taxonomía de Bloom y el pensamiento crítico

La taxonomía de Bloom es un conjunto de modelos jerárquicos utilizados para clasificar los objetivos de aprendizaje educativo, los niveles de complejidad y la especificidad. Es el ordenamiento jerárquico de las habilidades cognitivas que puede ayudar en la enseñanza y el aprendizaje. La taxonomía de Bloom es aplicable en vastas áreas del conocimiento, incluyendo el pensamiento crítico.

Habilidades de pensamiento de orden inferior

El pensamiento de orden inferior es la base de las habilidades necesarias para pasar al pensamiento de orden superior. Estas habilidades se enseñan bien en los sistemas escolares e incluyen actividades como la lectura y la escritura. En el pensamiento de orden inferior, la información no necesita ser aplicada a ningún ejemplo de la vida real. Sólo necesita ser comprendida y recordada.

Habilidades de pensamiento de orden superior

Las habilidades de pensamiento de orden superior distinguen el pensamiento crítico de los resultados de aprendizaje de orden inferior, como los que se sintonizan con las memorizaciones de memoria. Las habilidades de pensamiento de orden superior incluyen la síntesis, el análisis, el razonamiento, la comprensión, la aplicación y la evaluación. **HPOS** se basa en varias taxonomías del aprendizaje, especialmente la creada por Benjamín Bloom, que pone mucho énfasis en el análisis, la síntesis y la evaluación.

La taxonomía de Bloom está diseñada con seis niveles para promover el pensamiento de orden superior. El HPOS requiere la comprensión y la aplicación del conocimiento aprendido de las habilidades de pensamiento de orden inferior.

Los tres niveles superiores de la taxonomía de Bloom que se muestran en una pirámide son el análisis, la síntesis y la evaluación. Todos estos niveles de taxonomía implican un pensamiento crítico o de orden superior. Los estudiantes que pueden pensar son aquellos que pueden aplicar el conocimiento y las habilidades que han aprendido a nuevos conceptos.

Bloom y los Modelos de pensamiento crítico

La taxonomía de Bloom describe las áreas significativas en el dominio cognitivo. Los siguientes son los modelos esenciales del pensamiento según Bloom

Conocimiento

La taxonomía comienza definiendo el conocimiento como la capacidad de recordar material previamente aprendido, el conocimiento según Bloom representa el nivel más bajo de resultados de aprendizaje en el dominio cognitivo

Comprension

El conocimiento es seguido por la comprensión o la habilidad de captar el significado del material. Esto va más allá del nivel de conocimiento. La comprensión es el nivel más bajo de entendimiento.

Aplicación

Esta es la siguiente área de la jerarquía. Se refiere a la capacidad de utilizar el material aprendido en principios y teorías nuevas y concretas. La aplicación requiere un nivel de comprensión más alto que el de la comprensión

Análisis

Este es el siguiente nivel de taxonomía en el que los resultados del aprendizaje requieren una comprensión tanto del contenido como de la forma estructural del material

Síntesis

El siguiente nivel de taxonomía se refiere a la capacidad de unir partes para formar un nuevo todo. Los resultados del aprendizaje en este nivel acentúan los comportamientos creativos con un énfasis significativo en la formulación de nuevos patrones o estructuras. Se va más allá de confiar en la información previamente aprendida o de analizar el material, y se intenta juntar las partes o la información que se ha revisado para crear un nuevo significado o una nueva estructura.

Evaluación

Este es el último nivel de la taxonomía. Se refiere a la capacidad de juzgar el valor del material para un propósito determinado. Los resultados del aprendizaje en esta área son los más altos en la jerarquía cognitiva porque incorporan o contienen elementos de conocimiento, comprensión, aplicación, análisis y síntesis. También proporcionan un juicio de valor consciente basado en un criterio definido.

Capítulo 2: Marco y herramientas para el pensamiento crítico

En cada uno de los actos que realizamos o cualquier decisión que tomamos en nuestra vida diaria, el pensamiento es obligatorio. Empezando por qué comer, qué vestir, cómo manejar el trabajo escolar y los proyectos de trabajo, así como las decisiones de inversión que se deben tomar, todo requiere la participación activa de la mente. Algunas de las decisiones que se toman son de naturaleza compleja y requieren un pensamiento inteligente que, para este caso, es el pensar críticamente. Se sabe que las decisiones que requieren un pensamiento crítico tienen efectos duraderos en su vida, trabajo o negocio. Por ejemplo, una decisión de inversión en un negocio requerirá un pensamiento inteligente ya que sus finanzas, y la vida de su inversión pueden verse afectadas negativamente por una mala toma de decisiones. Otras decisiones, que son menores, como qué comer o qué vestir, no necesariamente requieren un pensamiento crítico.

Para llevar a cabo un pensamiento crítico de manera eficaz, es necesario comprender el marco y las herramientas del pensamiento crítico. Los académicos e investigadores han trabajado continuamente a lo largo de los años para crear el marco y las herramientas estándar del pensamiento crítico. Continúe leyendo este capítulo para comprender los fundamentos de las normas de pensamiento crítico universalmente aceptadas.

El Paso a paso hacia el pensamiento crítico y el cómo solucionar problemas

Un proceso de pensamiento crítico ayuda a nuestras mentes a concentrarse, en lugar de saltar a las conclusiones. Guía nuestras mentes a través de pasos razonables que amplían nuestras perspectivas, consideran las posibilidades, y ponen en evidencia los prejuicios al hacer juicios. El proceso de pensamiento crítico implica 6 pasos que se discuten a continuación:

1. Conocimiento

Al abordar un problema, la visión clara nos ayuda a estar en el camino correcto. Este primer paso en el pensamiento crítico identifica el problema o argumento que debe ser abordado. Es necesario hacer preguntas para tener una comprensión profunda del problema. Las preguntas en esta etapa deben ser abiertas para explorar y discutir el problema críticamente. Las dos preguntas principales a responder en esta etapa son:
- ¿Cuál es la situación?
- ¿Por qué necesito abordar el problema?

2. Comprensión

En el segundo paso, el problema se revisa más a fondo para entender los hechos que lo alinean y la situación. Se recogen datos sobre el problema mediante el uso del método de investigación. La metodología elegida depende del problema que se va a abordar, el plazo para resolverlo y el tipo de datos de que se disponga.

3. Aplicación

Este paso implica la evaluación continua del problema mediante la comprensión de los diferentes recursos y hechos utilizados para resolver el problema. La información y los recursos utilizados para abordar el problema se vinculan para determinar la mejor manera de abordar el problema. En esta etapa se pueden utilizar mapas mentales para analizar la situación.

4. Análisis

Una vez reunida la información y vinculada al problema principal, un pensador crítico analiza la situación para identificar tanto los puntos fuertes como los puntos débiles de la misma, así como los retos que se plantean durante la aplicación de la solución. En esta etapa se establecen las prioridades para determinar cómo se va a resolver el problema. Una de las técnicas comunes que pueden utilizarse para analizar el problema es el diagrama de causa-efecto, que se suele emplear para categorizar las causas del problema y el impacto.

5. Síntesis

Después del análisis del problema, se debe relacionar toda la información reunida y tomar una decisión sobre la solución del problema. El pensador crítico identifica las rutas a seguir para implementar la acción. Si hay más de una solución, deben ser evaluadas para encontrar la solución más ventajosa. Una herramienta común utilizada para sintetizar el problema es el análisis *SWOT* (English for strengths, weaknesses, opportunity, and threats of the solution).

DOFA en español que identifica las fortalezas, debilidades, oportunidades y amenazas de la solución.

6. Actúe acorde

En la etapa final del pensamiento crítico se realiza una evaluación de la solución que debe aplicarse. Si la solución implica un proyecto concreto, se pone en marcha un plan de acción para garantizar que la solución se ejecute según lo previsto inicialmente.

Marco del pensamiento crítico

El marco del PC (Pensamiento Crítico) sigue tres pasos principales que son:

- Claridad
- Conclusiones
- Decisiones

Claridad

¿Alguna vez se ha encontrado en una situación en la que se comunicaba o discutía un asunto con un amigo o un colega y no entendía su declaración? En tal caso, se encontrará continuamente haciendo las siguientes preguntas:

- ¿Podría dar más detalles sobre ese punto?
- ¿Podría dar un ejemplo?
- ¿Podría discutir ese punto desde otra dimensión?

Esas preguntas demuestran que la declaración o el tema que se comunica no es lo suficientemente claro para la otra parte, por lo que no es una buena base para el pensamiento crítico. Los problemas o cuestiones que se abordan suelen denominarse
"enigmas o instigadores de pensamiento"

Como individuo, antes de entrar en el proceso de pensamiento crítico, es necesario tener una clara comprensión de lo que implica la situación que se está analizando. El problema puede ser en forma de una meta, un proyecto o una inversión. Así como siempre usted tiene una idea clara sobre el vestido que quiere llevar, la comida que quiere comer o el coche que quiere comprar, sus ideas de pensamiento crítico también deben ser claras. Un ejemplo de una afirmación poco clara es: "Necesitamos mejorar nuestro sistema educativo". En este caso, el problema no se ha esbozado claramente, y puede ser difícil discutir o abordar la cuestión. Una afirmación más precisa y realista sería aquella en la que se identificara el problema, como, por ejemplo: "Necesitamos mejorar nuestro sistema educativo revisando el programa de estudios que se utiliza en nuestras escuelas".

El pensamiento crítico basado en cuestiones poco claras suele dar lugar a decisiones mal tomadas que pueden afectarle a largo plazo. Asegúrese de tomarse el tiempo suficiente para analizar los temas que le preocupan para evitar tomar decisiones sobre bases poco claras. Por lo tanto, la claridad es la puerta de entrada al pensamiento crítico.

Conclusiones

Tal como el nombre sugiere, concluir significa, resumir, o terminar. Habiendo obtenido una clara imagen de lo que implica el problema en discusión, usted como responsable de la toma de decisiones o parte de la misma, debe presentar un resumen de lo que pretende hacer en relación con el problema de la discusión. Una conclusión es una declaración que ofrece soluciones al problema que se está discutiendo. Contiene una lista de las medidas que deben adoptarse en el proceso de solución del problema identificado.

Muy a menudo, la gente asume que la conclusión y las decisiones son la misma cosa. Pueden ser bastante similares, pero en el proceso de pensamiento, las dos son totalmente diferentes con diferentes técnicas de enfoque. La conclusión aquí viene antes de la decisión y consiste en una lista de acciones o actividades a realizar que aún no se han puesto en práctica.

Como responsable de la toma de decisiones, se llega a las conclusiones después de examinar crítica y lógicamente el problema y analizar las posibles soluciones. Tras un análisis satisfactorio y el acuerdo mutuo de las partes implicadas, especialmente en las reuniones de negocios, se llega a una lista de posibles acciones que pueden utilizarse para tratar el problema en cuestión. Del ejemplo anterior, la conclusión sería: "Para revisar el plan de estudios, necesitamos adoptar un nuevo sistema educativo y educar a los profesores en relación con los cambios realizados".

Decisiones

A menudo usted toma decisiones en su vida. Puede decidir si se muda a un nuevo apartamento o si renueva el viejo. También puede decidir si se casa antes de conseguir un trabajo estable o si espera hasta que consiga el trabajo de sus sueños. Básicamente, no puede hacer nada en la vida sin tener que tomar una decisión.

Las decisiones determinan la eficacia de un proceso de pensamiento. Se toman siguiendo las conclusiones del paso anterior. La principal diferencia que existe entre las decisiones y las conclusiones, que por lo demás se utilizan indistintamente, es que las decisiones conllevan la aplicación real de la lista de acciones identificadas en el proceso de conclusiones. La adopción de una decisión entraña la determinación de si se aplicarán o no las medidas enumeradas en las prácticas de la vida real. Basándose en el ejemplo sobre la mejora del sistema educativo, dar el paso de capacitar a los profesores sobre los nuevos cambios del plan de estudios y su aplicación real es lo que se denomina decisiones.

Asegúrese siempre de que la decisión que tome esté alineada con las metas y objetivos establecidos, ya sea a nivel individual o de empresa.

Herramientas para el pensamiento crítico / estándares intelectuales

Hay nueve herramientas de pensamiento crítico universalmente aceptadas, que, si se adoptan, pueden mejorar sus habilidades de pensamiento crítico. Estos estándares intelectuales se utilizan siempre para determinar la calidad del razonamiento de uno. Incluyen:

Claridad
Fiabilidad
Precisión
Relevancia
Profundidad
Alcance
Lógico
Importancia
Equidad

Claridad

En el pensamiento crítico, la claridad de una declaración es esencial. Si la declaración o el problema que se va a abordar se plantea de forma poco clara, será difícil de entender. Si se utilizan declaraciones poco claras para tomar decisiones, el resultado es siempre incierto. El lenguaje utilizado en este caso debe ser fácilmente comprensible para las partes involucradas. Cuide el lenguaje y las creencias de los participantes para evitar el uso de términos que puedan dar lugar a significados contradictorios.

Tal vez se pregunte cómo diferenciar entre una declaración completamente clara y otra poco clara. He aquí un ejemplo que le ayudará a comprender la diferencia.

¿Qué hay que hacer en el tema de la escasez de alimentos? Esta pregunta no es clara y de alguna manera es difícil de abordar ya que uno no es consciente de lo que la persona que hace la pregunta considera que es el problema. La claridad en este caso se lograría señalando el principal tema de preocupación y reformulando la pregunta a, ¿qué necesita hacer el gobierno para asegurar que sus ciudadanos tengan suficiente suministro de alimentos y que no haya sequía y hambruna en el país?

La segunda pregunta es fácil de entender, por lo que resulta sencillo analizar las causas de la sequía y la hambruna y las posibles medidas para contrarrestarla. Un claro enunciado del problema hace que el proceso de pensamiento crítico sea efectivo. Asegúrese de hacer su declaración, pensamientos y argumentos claros.

Para lograr claridad, puede hacer las siguientes preguntas:
- ¿Puedes dar un ejemplo?
- ¿Puedes expresar la declaración de manera diferente?
- ¿Puedes explicar más detalladamente ese punto?

Fiabilidad

Puede llegar a una declaración que sea clara, pero no precisa. Puede que se pregunte cómo es posible, pero en realidad sucede en la mayoría de las ocasiones. La exactitud de una declaración se mide por la forma en que representa su información con lo que es en la vida real. Tiene que asegurarse de que la información que usa es correcta y libre de errores.

Como pensador crítico, antes de elegir cualquier información para usar en su argumento, primero debe hacerse las siguientes preguntas:
- ¿Esta información es verdadera?
- ¿Cómo y dónde puedo comprobar si es cierta?
- ¿Qué tan precisa es esta afirmación?

Tales preguntas evitarán que proporcione información que carezca de una buena base de apoyo. La mayoría de las veces, se encuentra justificando sus hechos e ideas diciendo que son exactos simplemente porque provienen de usted y termina considerando los de sus oponentes como los inexactos. Por lo tanto, es aconsejable que, como pensador crítico, no fuerce sus opiniones o las de un amigo a parecer exactas mientras carezca de medios para demostrar que la información es realmente válida. Asegúrese de que utiliza información adecuada y precisa para analizar su problema y sacar conclusiones viables.

El 70% de los jóvenes están desempleados.

La afirmación anterior parece clara, pero no es precisa para ser usada en un argumento. Para apoyarla, tal vez necesite buscar datos de investigaciones recientes sobre las tasas de desempleo y usarlos para apoyar su declaración. El uso de declaraciones generales en los argumentos es común y a veces puede conducir a la desinformación en la comunicación y la toma de decisiones.

<u>Precisión</u>

Como pensador crítico, puede que consiga tener una declaración concreta, pero no es preciso en ella. La precisión en el pensamiento crítico significa que ha incluido los detalles necesarios para hacer su declaración de manera clara. Por ejemplo, una afirmación como "Ana es vieja" no es precisa, ya que "vieja" es un término general utilizado para describir la edad. Las personas que leen o escuchan su declaración pueden preguntarse qué es exactamente lo que indica el nombre "vieja". Viejo puede entenderse como treinta y cinco, cuarenta, sesenta o incluso ochenta años. Por lo tanto, es necesario ser claro sobre la edad que se denota al decir viejo. Una declaración más precisa que será clara para todos sin dejar lugar a errores y dudas sería, "Jane tiene cincuenta y cinco años". Si decide utilizar unidades de medida para dar los detalles de su información, deberá asegurarse de que las unidades adoptadas para su uso sean claramente entendidas por todas las partes involucradas.

En caso de que una determinada información no le parezca precisa, puede formular las siguientes preguntas:
- ¿Puede proporcionar detalles adicionales?
- ¿Puede ser más específico?

Relevancia

La información relevante es aquella que está alineada con el tema en cuestión. Además, la relevancia en el pensamiento crítico puede utilizarse para describir una situación o un estado que puede servir para resolver el problema subyacente. El pensamiento relevante le mantiene como pensador en el camino correcto para tomar una decisión práctica. No es raro que encuentre que lo que está pensando no es relevante para el asunto en cuestión y esto ocurre principalmente cuando usted no tiene la máxima concentración, y le falta una buena disciplina en el pensamiento.

Un buen ejemplo de esto es cuando los empleados tienden a pensar que los esfuerzos que aplican en su trabajo deben contribuir a un aumento de salario. El esfuerzo no se relaciona directamente con el salario o el sueldo, por lo tanto, este argumento es irrelevante. La relevancia existe cuando las cuestiones están directamente relacionadas.

Para estar seguro de la relevancia de la información que proporciona, hágase siempre las siguientes preguntas sencillas:
- ¿Cómo se conecta este hecho con el problema en cuestión?
- ¿Cómo se relaciona esta idea con las anteriores?
- ¿Cómo se relaciona su argumento con la pregunta de discusión?

Profundidad
Tal como lo describe el nombre, la profundidad en el pensamiento crítico significa profundizar en el tema en cuestión. La profundidad aquí implica analizar profundamente el enunciado del problema para identificar los problemas subyacentes, así como los medios para manejarlos intelectualmente. La falta de un análisis profundo de un tema hace que sea difícil de manejar ya que no se identifican sus problemas de raíz.

El razonamiento y los argumentos superficiales en el pensamiento crítico están a menudo vinculados a la ausencia de un análisis profundo por parte del pensador crítico. Ello puede dar lugar a menudo a la adopción de decisiones deficientes basadas en argumentos y análisis superficiales del tema en cuestión. Un excelente ejemplo de un caso en el que no se aborda suficientemente la profundidad es, cuando se le pregunta ¿qué hay que hacer para reducir el uso de drogas en América? y usted sólo responde "Simplemente diga no". La respuesta es tan superficial y no da a la pregunta un análisis profundo.

Cuando se trata de centrarse en la profundidad de sus pensamientos como pensador crítico, aquí están algunas de las preguntas que debe hacerse:

- ¿Cómo se abordan las complejidades de la pregunta en las respuestas que da?
- ¿Cuán eficazmente está manejando las cuestiones importantes que preocupan del problema que se está discutiendo?
- ¿Cuán compleja es la pregunta o la afirmación que ha formulado?

Amplitud

Puede llegar a una declaración que sea clara, precisa, exacta, relevante, que tenga buena profundidad pero que no incorpore el aspecto de la amplitud. La amplitud en términos generales puede utilizarse para describir el alcance o la extensión de la información. Por lo tanto, al abordar una pregunta o declaración sobre un problema, asegúrese de considerar todos los puntos de vista pertinentes.

Lo más frecuente es que las personas tiendan a centrarse únicamente en sus puntos de vista, olvidándose de tomar en consideración las opiniones de la otra parte o simplemente de sus oponentes. En un momento u otro se ha encontrado con que ignora los puntos de vista de la oposición, ya que entiende que considerarlos probablemente le obligaría a reconsiderar sus puntos de vista o argumentos. Esta estrechez de miras hace que uno se conforme con las cosas que están a su favor por ejemplo, puede que no se sienta cómodo durmiendo con las luces encendidas, pero su compañero de cuarto prefiere dormir con las luces encendidas porque teme la oscuridad. Si toma una decisión basada en sus sentimientos, entonces el tema de la amplitud no habrá sido abordado. También debe considerar los puntos de vista de su compañero de cuarto y luego consentir en una decisión mutua.

Para centrarse en la amplitud, aquí están algunas de las preguntas que necesita hacerse como pensador crítico:
- ¿Hay alguna otra manera de abordar este tema?
- ¿Cómo se vería este argumento desde un punto de vista diferente?
- ¿Se consideran los puntos de vista de la otra parte?

Lógica

Cada vez que piensas, tiendes a juntar diferentes pensamientos e ideas. Estos diferentes pensamientos necesitan ser combinados en un patrón mutuamente consistente que tenga sentido, en tal caso, se dice que el proceso de pensamiento es lógico. Sin embargo, es común que como individuo tenga pensamientos inconsistentes que no se apoyan mutuamente, lo que se conoce como pensamiento no lógico. La inconsistencia de los pensamientos e ideas viene como resultado de las creencias conflictivas que existen en tu mente.

Un buen ejemplo de esto es, un empleador que analiza el desempeño de sus empleados y determina que se necesita entrenamiento adicional para mejorar su desempeño. A pesar de las pruebas, concluye que no hay necesidad de talleres y seminarios para los empleados. La conclusión no sigue lógicamente a las pruebas.

Algunas de las preguntas que tienden a ayudar a que todo lo que está pensando sea lógico incluyen:

- ¿Todos estos puntos de vista o argumentos encajan lógicamente?
- ¿Tiene sentido este punto de vista?
- ¿El argumento fluye en línea con lo que usted dijo anteriormente?

Importancia

Como pensador crítico, su punto de vista debe ser el más relevante para el tema que se aborda. Al pensar, tiende a tener en cuenta la mayoría de los aspectos que considera pertinentes para el tema que se examina, pero a menudo no comprende que no toda la información pertinente es igualmente importante en el proceso.

Un ejemplo que ayuda a comprender el aspecto de la importancia es cómo la mayoría de los estudiantes no se centran en las preguntas significativas como, ¿qué necesito para convertirme en un joven educado? Pero en cambio, se centran en cuestiones menos significativas como ¿qué necesito para obtener una A en este tema?

Determinar los puntos más significativos a considerar entre los muchos relevantes no es tan simple como puede parecer. Aquí están algunas de las preguntas que pueden guiarte en esto:
- ¿Cómo es ese punto de vista significativo en el contexto?
- ¿Cuál es la información más importante que se necesita para manejar el tema?
- ¿Cuál de los puntos de vista, ideas o conceptos es más significativo?

Equidad

Como un pensador crítico, siempre debe considerar la posibilidad de llegar a pensamientos o decisiones justificadas. Estos son pensamientos que han sido hechos justamente en el contexto.

La justicia aquí significa que no sólo debe defender las ideas o puntos de vista que funcionarán bien a su favor. También debería considerar las implicaciones de sus pensamientos en otras personas. No debería ser un pensador egoísta.

Aquí hay un ejemplo para ayudarle a entender la justicia. Usted vive con un compañero de cuarto que no puede concentrarse en los estudios con la música encendida, pero usted siempre pone la música diciendo que le consuela y argumentando que, si su compañero de cuarto quiere estudiar, debe visitar la biblioteca. El razonamiento aquí no es justo ya que se centra en los intereses de una parte.

Para lograr la justicia, puede poner en práctica las siguientes preguntas.

- ¿Es mi enfoque del tema justo, o está centrado en mis propios intereses?
- ¿Cuál será la implicación de mis pensamientos en los demás?
- ¿Están los puntos de vista representados de forma comprensiva?

Rasgos intelectuales

El hecho de tener que aplicar normas de pensamiento a los elementos de pensamiento crítico desarrolla rasgos intelectuales, que incluyen:

- Valentía intelectual
- Humildad intelectual
- Empatía intelectual
- Autonomía intelectual
- La integridad intelectual
- Perseverancia intelectual
- Equidad
- Confianza en la razón

Capítulo 3: Beneficios del pensamiento crítico

El pensamiento crítico es un concepto muy significativo que no sólo es relevante para el ámbito académico sino también un modelo crítico de la vida real, que se utiliza para construir habilidades eficientes y exitosas para la resolución de problemas. La técnica implica la aplicación de la lógica para mejorar la toma de decisiones más razonable. Los principales beneficios del pensamiento crítico son:

Comprensión de los diferentes enfoques de un problema. Con el pensamiento crítico, se toma automáticamente conciencia de los diferentes enfoques de cada situación, incluida la capacidad de evaluar esos enfoques. En lugar de confiar en un método estándar uniforme de solución de problemas, puede aprender a identificar enfoques más valiosos, lo que aumenta el éxito en la solución de problemas.

Ahorre tiempo. Con el pensamiento crítico, podrá tener una mentalidad que le ahorrará tiempo. Aprenderá que no toda la información es importante al evaluar un problema. Serás capaz de filtrar lo relevante de la información irrelevante. El pensamiento crítico te enseña a invertir tu tiempo y recursos sólo en herramientas esenciales. Esto también asegura que sólo consideres la mejor decisión.

El pensamiento crítico te permite apreciar las diferentes visiones del mundo. El pensamiento crítico te permite desarrollar empatía, lo que abre tu mente a diferentes puntos de vista. Podrás ver más allá y nunca juzgar los argumentos basados en normas culturales u otros factores diferentes. Esta comprensión y empatía son muy claves para el liderazgo y el trabajo en equipo efectivo.

El pensamiento crítico mejora la comunicación. Construyendo y analizando su evidencia para cada premisa dada, usted se convertirá en un comunicador efectivo. El pensamiento crítico le permite desarrollar puntos relevantes que apoyan sus argumentos y mejora su comunicación.

El pensamiento crítico promueve la toma de decisiones. El pensamiento crítico transforma la capacidad de tomar decisiones. Usted será capaz de abandonar las conjeturas y la intuición en la toma de decisiones y comenzar a adoptar métodos más analíticos para tomar decisiones acertadas

Aumento de la capacidad de razonamiento. Como pensador crítico, podrás convertirte en un solucionador de problemas más equilibrado. También serás consciente de dos tipos de razonamiento, el inductivo y el deductivo, y sabrás cuando aplicarlos. La toma de decisiones fundamentadas hace que el proceso de resolución de problemas sea más eficaz.

Cualidades de un buen pensador crítico

Los buenos pensadores críticos demuestran las siguientes cualidades:
- Inquisición en relación con diversos temas
- Interés en estar bien informado
- Atento a las situaciones que promueven el pensamiento crítico
- Confianza en su capacidad de pensar
- Una mente abierta con respecto a la visión del mundo
- Estar alerta a los posibles acontecimientos futuros con el fin de anticipar las consecuencias
- Escuchar y comprender la opinión de los demás

- La honestidad para enfrentar los estereotipos, prejuicios y tendencias personales
- La prudencia en la alternancia, la realización o la suspensión de los juicios

Cuando aplicar el pensamiento crítico

En la sección anterior se ha examinado la importancia del pensamiento crítico y las definiciones del mismo. Ha habido mucha evolución que puede obligar a pensar la mayoría de las veces de forma crítica. El pensamiento crítico ha sido útil para muchos, pero no se recomienda aplicarlo siempre. No sólo hay que saber dónde aplicar el pensamiento crítico, sino también cuándo usarlo.

Existe una regla para decidir si se debe utilizar el pensamiento crítico en una situación particular cuando la respuesta a un problema, iniciativa, objetivo o circunstancia es significativa. Por lo tanto, se puede utilizar el pensamiento crítico cuando el resultado marca una diferencia sustancial en su industria o en su posición individual, es decir, un correo casual sobre dónde salir a cenar no puede ser espantoso si hay un malentendido. Un correo mal entendido sobre los requisitos de un derecho o un problema del cliente puede tener implicaciones de gran alcance. Debido a esto, puede verse obligado a utilizar al menos el pensamiento crítico en el correo que describe el problema de un cliente como divergente a los correos sobre la cena.

A continuación, hay una lista de ejemplos sobre dónde y cuándo podría verse obligado a usar el pensamiento crítico. La lista se ha dividido en tres, y la primera lista contiene funciones comerciales de alto nivel, la segunda lista incluye objetivos comerciales específicos, y la tercera lista contiene actividades diarias que muchas personas utilizan para mejorar sus visiones comerciales.

Cuando se dispone de herramientas de pensamiento crítico, se puede añadir fácilmente la lista con las áreas de una especificación de su trabajo.

El pensamiento crítico aparece principalmente en las descripciones de los puestos de trabajo, en los currículums, en la redacción de los CV y en las características deseables. Hay diferentes maneras de utilizar el pensamiento crítico en funciones empresariales de alto nivel, como se indica a continuación:

- Cuando una propuesta de proyecto tiene metas con fechas y resultados concretos, pero las personas no pueden superar el plazo establecido.
- Hay un cambio de norma sin ninguna explicación detallada.
- Datos de rastreo y muestreo individual no logran mejorar el resultado previsto.
- Cuando haces una llamada para determinar el origen de un problema, y obtiene una respuesta inesperada.
- Los bienes entregados no coinciden con las facturas o gastos.
- Incremento en los gastos y no coinciden con la disminución de las inversiones en reducción.
- Las conclusiones de los datos no se suman ni tienen sentido.
- Hay una pendiente en el gráfico de un bien que ha sido proyectado.
- Los clientes se quejan de que las tasas son muy diferentes de lo que usted ha dignificado.

Para mejorar algo

- Disminuir el costo de la atención al cliente en un 25 por ciento y aumentar la satisfacción del cliente.
- Aumentar la productividad.

- Está mejorando la comunicación entre su departamento y los demás.
- Ayuda en la determinación de cómo cambiar los planes de marketing y ser mucho más competitivo.
  - Aumenta la producción de su negocio.
  - Disminuye los costos en un 25 por ciento.
  - Estás encontrando y contratando más candidatos cualificados y profesionales.
  - Determina qué esperar con los crecientes gastos de atención médica.
  - Acortar los tiempos de desarrollo en un tercio.
  - Está disminuyendo el tiempo de reparación en un 20 por ciento.
  - Acortamiento del pedido a la mitad.
  - Estamos incrementando la calidad de los productos para aumentar la calificación de los clientes.
  - Estamos mejorando el resultado de las campañas publicitarias.

El pensamiento crítico que se utilizará en el futuro tiene que ser considerado:

- ¿Cómo se puede desarrollar un nuevo bien que puede traer la competencia con las nuevas operaciones ahora que se ha llevado a cabo?
- Dos empleados importantes acaban de irse… ¿ahora qué?
- El bien heredado que da la mayoría de sus ingresos y ganancias tiene un alto índice de desgaste. ¿Qué debería hacer?
- ¿Cómo puede evitar que un evento desagradable vuelva a ocurrir?
- ¿Cómo puede imitar lo que hizo para el próximo período?

- ¿Está dispuesto a construir o comprar su manera de extender la disposición de su contribución
- ¿Cómo puedes ampliar tu estrategia financiera?
- Teniendo un presupuesto, ¿cómo puedes lograr tus objetivos?
- ¿Cómo aumentar la progresión de su ocupación?

Actividades diarias específicas donde se puede utilizar el pensamiento crítico

- Ensamblar y fijar algo
- Asistencia a las reuniones
- Evaluación de los riesgos
- Entrenamiento
- Dirigiendo clases de lluvia de ideas

Cuando usar el pensamiento crítico

- Creación e interpretación de encuestas
- Crear presentaciones
- Participar en la planificación de actividades financieras
- Participar en conversaciones cara a cara
- Evaluación de la propuesta
- Saber cuándo seguir o no
- Organización
- Planificación del calendario
- Preparación del discurso
- Priorización
- Leer para prestar atención a las palabras subyacentes
- Revisión del contrato
- Revisión de la hoja de cálculo
- Establecimiento de objetivos

- Ajuste métrico
- Enseñanza
- Redacción de correos electrónicos, direcciones, propuestas e informes
- Redacción y realización de la representación de avalúos.

El pensamiento crítico puede ser usado en casi todos los lugares de sus negocios y actividades de vida, pero debe ser selectivo. Puedes elegir usar el pensamiento esencial sólo cuando creas que el resultado va a producir o hacer alguna variación. El pensamiento crítico pretende identificar información fiable y hacer complementos fiables. Comprende las habilidades de la mentalidad que pueden mejorarse a través de la comprensión de las percepciones significativas, la formación y la solicitud. Hay muchas etapas que fortalecen el desarrollo de un pensador crítico:

- **Etapa uno:** pensador irreflexivo
- **Segunda etapa:** pensador desafiante
- **Etapa tres:** pensador principiante
- **Cuarta etapa:** pensador practicante
- **Etapa cinco:** pensador avanzado
- **Etapa seis:** maestro pensador

Puedes desarrollar todos estos pasos sólo si aceptas que hay problemas en nuestro pensamiento y comienzas una práctica regular.

Capítulo 4: Rutinas para mejorar el pensamiento crítico

Hay algunas rutinas que, si las practicas continuamente, pueden mejorar significativamente tus habilidades de pensamiento crítico. Estas prácticas rutinarias incluyen lo siguiente:

Respirar profundamente

Participar diariamente en la respiración profunda del vientre o en los descansos cerebrales puede ayudar significativamente a concentrar mejor la atención. No sólo aumenta la concentración y el enfoque, sino que también mejora la felicidad diaria y aumenta sus niveles de calma, a la vez que disminuye el estrés y la ansiedad. La respiración profunda reduce el ritmo cardíaco, disminuye la presión arterial y agudiza la capacidad de concentración de la mente, todo lo cual es crucial para un pensador crítico capaz.

La respiración profunda también le ayuda a controlar sus emociones, y manejará con calma las situaciones que tienen consecuencias emocionales elevadas, ya que tiende a pensar con claridad y a sentir mejor los problemas cuando está tranquilo. Además, cuando se toma el tiempo para respirar lentamente hacia adentro y hacia afuera, evoca una respuesta de relajación que lo calma y lo vigoriza. Le ayudará a funcionar mejor durante el día y a dormir mejor durante la noche.

Los estudios han demostrado que la respiración controlada aumenta el estado de alerta, reduce el estrés y refuerza el sistema inmunológico. También mejora sus niveles de concentración y mejora su vitalidad. Estas son habilidades vitales de un pensador crítico capaz.

Sea un lector entusiasta y un sintetizador de la información que escucha

Un pensador crítico competente siempre se esfuerza por obtener diariamente nueva información para estar al día y estar bien informado de lo que sucede en su entorno. La mejor manera de estar siempre informado es leer activamente materiales que tocan una amplia gama de temas de diversas fuentes. A continuación, debe combinar la información de las múltiples fuentes y añadir su análisis de la literatura del tema que está manejando, esto es lo que se denomina síntesis. Al sintetizar, significa que usted entiende lo que está leyendo y puede proporcionar una nueva interpretación o análisis de esas fuentes.

Para que usted sintetice mejor la información, siempre debe evaluar la exactitud y veracidad de las declaraciones, afirmaciones e información que usted lee y escucha. Una vez que domine el arte de la evaluación, podrá separar los hechos de la ficción y la exactitud de la confusión. Debe considerar la información de forma analítica y crítica, y debe hacerse preguntas sobre la fuente de la información. Averigüe si las fuentes son expertas en el área en cuestión y si una investigación de calidad puede respaldar la información o la opinión que está leyendo. Agudiza tus habilidades críticas cuando cuestionas la información que se te presenta de forma intencionada y frecuente.

Practicar la autocomplacencia

Una charla positiva sobre uno mismo es una herramienta poderosa para aumentar la confianza y controlar las emociones negativas. Si dominas el autocontrol positivo, terminarás siendo más seguro, motivado y productivo.

Tus pensamientos son la fuente de tus emociones y tu estado de ánimo. Las conversaciones que tienes contigo mismo pueden ser destructivas o beneficiosas. Influyen en cómo te sientes sobre usted mismo y cómo respondes a las situaciones de tu vida.

La autoconversación es nuestra voz interior o monólogo. Es la forma en que planeamos, resolvemos problemas, practicamos el pensamiento crítico y reflexionamos.

La auto charla positiva normalmente consiste en palabras que inspiran, que motivan; ese aire que nos recuerda que nos concentremos y sigamos moviéndonos. Recuerde lo último que se dijo a usted mismo y si fue positivo o negativo. Necesita practicar el diálogo positivo para mantenerse inspirado, motivado y centrado en el pensamiento crítico.

Practique el establecimiento de metas

Establecer tus metas es muy crucial si quieres vivir una vida exitosa y satisfactoria. Cuando tienes metas, tiendes a esforzarte por alcanzarlas. Los pensadores críticos son prudentes y pacientes cuando se fijan metas para ellos mismos. Establecer metas y luego mirarlas desde una perspectiva SMART. Establecer objetivos que sean específicos, medibles, alcanzables, realistas, y que puedan ser alcanzados en un plazo determinado. Estar dispuesto a empezar en pequeño y trabajar hasta completar su visión como un pensador crítico capaz.

Conozca sus debilidades

Todo el mundo tiene fortalezas y debilidades, y usted también las tiene. Para ser un pensador crítico práctico, siempre debe averiguar si hay algo que necesita mejorar y empezar a dar pequeños pasos para hacerlo. Por ejemplo, si quiere ser un mejor oyente, entonces necesita aprender cómo puede evitar ser impaciente y autoritario cuando los demás están hablando. Si desea mejorar su capacidad de pensamiento crítico, reconozca sus debilidades y haga un plan proactivo para desarrollarlas y actuar en consecuencia.

Viaje extensamente

Los buenos pensadores críticos nunca dejan de aprender. No hay mejor manera de obtener nuevos conocimientos y experiencias que viajando mucho. Siempre hay algo nuevo por descubrir, sin importar dónde nos encontremos en la vida. Ser un aprendiz de la vida mantiene tu mente fresca y joven. Viajar ampliamente, por lo tanto, es un hábito crucial de pensamiento crítico que se debe tener. Una vez que haya adquirido información, debe combinarla con acciones relevantes. Para reforzar lo que ha aprendido, practique y juegue con sus nuevas habilidades y así consolide el aprendizaje en su cerebro.

Mejores prácticas para mejorar la capacidad de pensamiento crítico

No pierda el tiempo

Los pensadores críticos capaces nunca se involucran en actividades o eventos que hagan perder el tiempo. Siempre deben esforzarse por usar su tiempo de manera productiva. Para evitar perder tiempo, siempre asegúrese de planear bien su día con antelación. Practique la planificación estratégica. Evite vivir de forma reactiva ya que esto puede hacerle perder el control de su vida. También debe controlar su tiempo. Intente medir su tiempo durante una semana o incluso un día. Esto le ayudará a identificar las porciones de tiempo mal utilizadas, después de lo cual podrá tomar acciones decisivas para corregirlo.

También debería aprender a priorizar su día. Asigne más tiempo a las cosas esenciales que tienen un impacto significativo en su vida.

Aprende cosas nuevas cada día

Como excelente pensador crítico, siempre debe aspirar a aprender algo nuevo cada día. Sea curioso sobre su mundo y sea consciente de cuánto tiene que aprender diariamente. Los estudios demuestran que aprender algo nuevo cada día ayuda a mejorar el rendimiento de su cerebro en varias tareas y le ayuda a aprender aún mejor. También mejora su velocidad de aprendizaje. Las neuronas de su cerebro se estimulan cuando recibe nueva información. Se forman más vías neuronales, y los impulsos eléctricos viajan más rápido a través de ellas a medida que intenta procesar más información. Cuantos más canales se creen, más rápido podrán moverse los impulsos, y mejor se convertirá en un pensador crítico.

Tener una mente inquisitiva

Una mente inquisitiva es una herramienta esencial del pensamiento crítico. El pensador crítico ideal posee una mente interrogante. La clave para un pensamiento poderoso es hacer preguntas. Cuando haces preguntas, tienes éxito como pensador crítico. El cuestionamiento forma nuevos patrones en el cerebro. Cuantos más patrones se desarrollan, más flexible se vuelve. Con la flexibilidad, puede acceder a la información ya almacenada en su mente.

Practica la escucha activa

Un buen pensador crítico es un oyente activo. La escucha activa puede ser adquirida y desarrollada con la práctica. Necesita concentrarse completamente en lo que se dice en lugar de escuchar pasivamente el mensaje del orador. Implica escuchar con todos los sentidos y prestar toda su atención al orador. Evite las distracciones cuando los demás estén hablando. Practique habilidades útiles no verbales como mantener el contacto visual, asentir con la cabeza, hacer preguntas cuando esté entablando una conversación con otros. La escucha activa le ayuda a recordar mejor los detalles de la información que escucha. También ayuda a comprender mejor el pensamiento crítico.

Cómo mejorar las habilidades de pensamiento crítico en la universidad

Las habilidades de pensamiento crítico toman tiempo, paciencia y práctica para desarrollarse y crecer. Si eres un estudiante universitario, necesitas practicar lo siguiente para construir y fortalecer tus habilidades de pensamiento crítico:

Ser consciente de sí mismo

Para mejorar sus habilidades de pensamiento crítico, necesita ser consciente de usted mismo. Necesita cambiar algunas de sus prácticas, comportamientos y creencias antiguas. Para comprometerse críticamente con las teorías, ideas y el trabajo de otros, necesita desarrollar la autoconciencia. Averigüe qué es lo que le motiva a usted y cuáles son sus valores fundamentales.

Forme o únase a un grupo de estudio

Las investigaciones muestran que los estudiantes que participan en discusiones con otros sobre diversos temas mejoran sus habilidades de pensamiento crítico. Los grupos de discusión los exponen a diferentes opiniones, enfoques y sentimientos de los demás.

Únete a una sociedad de debate

Los debates sirven para inspirarle de mejor manera. También puede obtener nuevos conocimientos desde el foro de debates. Los estudios muestran que el debate es una herramienta valiosa para mejorar sus habilidades de pensamiento crítico.

Asistir a seminarios esenciales de pensamiento y formación

Si su curso le da la opción de tomar pensamiento crítico, inscríbase en él. El pensamiento crítico puede ser enseñado y aprendido. También puede revisar opciones externas de seminarios y talleres sobre el pensamiento crítico. Podría ser una gran manera de mejorar sus habilidades en este sentido.

Participar críticamente con el contenido de su curso

Al completar su tarea, pregúntese si ha ido un poco más allá de demostrar una comprensión básica del tema. Necesita analizar su argumento y sintetizar toda la información disponible antes de sacar sus conclusiones.

Capítulo 5: Técnicas, estrategias y habilidades

Estrategias para desarrollar el pensamiento crítico en los estudiantes

El famoso psicólogo, Lawrence Balter insiste en que la razón por la que los niños deben crecer es la crítica en sus conclusiones. El principal objetivo de la educación no es formar un gran grupo de personajes de la misma opinión con un poderoso sentimiento de estudio. Hay un filósofo chino que dijo una vez que "aprender sin pensar es un trabajo perdido", esto significa que pensar sin aprender es peligroso. Si quieres mejorar y tener nuevas aclaraciones sorprendentes sobre la sobreabundancia de dificultades en su interior, entonces debes permitir a los profesores desarrollar el pensamiento crítico en los estudiantes desde una edad temprana. A continuación, se presentan las formas en que los profesores pueden ayudar a desarrollar las habilidades de pensamiento crítico en los estudiantes que pueden ser de ayuda para ellos en el futuro y en sus vidas.

Preguntas abiertas

Romper el aprendizaje de memoria es esencial, pero a veces te ves obligado a romper esa monotonía. Lo hará haciendo preguntas abiertas a los estudiantes que los obliguen a pensar. Puedes tomar un ejemplo en el que un profesor de historia está preguntando a los estudiantes las razones por las que un proyecto de ley específico fue aprobado en una asamblea, haciéndoles entender el punto de hacer la contribución y tener opiniones diferentes a las suyas.

Resolución de problemas

Puede desafiar a sus estudiantes con una pregunta difícil, lo que ayudará a aumentar su capacidad de pensamiento crítico. Les ayudará a hacer uso de las propiedades que tienen y a producir resoluciones creativas. Darles un problema con el que puedan relacionarse como cuando es una pregunta de matemáticas, conectarlo con el viaje que hacen a la escuela o cualquier cosa que gire en torno a las operaciones de la escuela puede ser una mejor opción.

Inspirar la creatividad

Puedes tener una convención en la que haces que los estudiantes estudien una fórmula fija creada para resolver un problema. Esto puede limitar su esencia creativa y hacer que pierdan la esperanza en el uso de su información o datos. Puedes intentar algo como pedirles que den recomendaciones para catalizar la aceleración de la producción de un producto químico puede ser una opción favorable. Pasarán por varios incentivos y evaluarán sus propiedades. Cuando se trata de niños más pequeños, se puede utilizar el tiempo de juego y el aprendizaje que puede ser muy productivo.

Juegos interactivos

Podemos referirnos a estos juegos como juegos de cerebro o de mente, ya que empujan a un jugador a pensar duro y rápido para ganar. Tener una recompensa será atractivo y les hará seguir adelante y practicar el pensamiento crítico. Puedes tener muchas opciones en los juegos de pensamiento libre y mentes excelentes. Cuando tienes juegos con recompensas, entonces puede ser excelente para motivar y desarrollar el pensamiento crítico.

Impartir la independencia

En cualquier momento les dará a sus estudiantes respuestas a las preguntas, entonces dependerán de usted para todas las respuestas. Esto puede afectarlos, y no se desempeñarán bien en exámenes o pruebas, o cuando una pregunta se tuerce de manera diferente. Permítanles pensar por sí mismos para ayudarles a entender la creatividad.

Ejemplos finales

Alguien que comienza una clase puede no entender lo que implica el pensamiento crítico, por lo que hay que dar ejemplos para ayudar a entenderlo fácilmente. Puedes decir a los principiantes cómo los pensadores críticos han sido capaces de resolver problemas de manera eficiente y cómo han sido recompensados por sus capacidades.

Clasificación

Tienes que hacer que tus estudiantes sepan organizar sus opiniones no planeadas. A partir de este punto es cuando usted podrá obtener la calificación. Hágalos practicar cómo clasificar sus problemas en grupos, y esto hará que sean capaces de evaluar los que mejor se adapten a sus situaciones.

Lecciones de vocabulario

Al desencadenar el proceso creativo interno de los estudiantes, el cerebro no es suficiente. Debe enseñar a sus estudiantes cómo expresarse. Una vez que los estudiantes han organizado los temas que tienen en sus mentes, enséñeles términos esenciales como preciso, autoridad, racional, sesgo entre muchos otros.

Las conexiones de la mente

Cuando sus estudiantes están aprendiendo a preparar sus mentes para llevar a cabo una lluvia de ideas, esto les genera la expectativa de descubrir cómo se relacionan sus ideas con las de los demás. Tienen que resumir las ideas planteadas, hacer una comparación de puntos, encontrar similitudes, medir las diferencias y saber por qué una buena respuesta elegida es la correcta. Aunque puede haber más de una respuesta correcta

Demostraciones

Tener ejemplos de pensadores críticos es muy inspirador y para lograrlo hay que mostrar a los estudiantes cómo se hace. Tener eventos prácticos de identificación de problemas, sopesar los pros y los contras, y finalmente llegar a una decisión lógica.

Debates productivos

Involucre a sus estudiantes en una discusión que les permita mostrar y probar sus habilidades de pensamiento crítico. Esto les dará pie para discutir por su cuenta y conocer sus debilidades y las de los demás, entre otras cosas.

Evaluación de los compañeros

Generar una sana competencia entre los estudiantes con sus compañeros tendrá mucho sentido, pues se supone que deben interactuar basados en el pensamiento crítico entre ellos. Cuando reboten en las ideas, entonces aprenderán a distinguir las ventajas y desventajas de la opinión de cada uno y a sacar conclusiones independientes de su pensamiento.

Como enseñar el pensamiento crítico en las escuelas

Las habilidades de pensamiento crítico están ganando importancia en la educación primaria, y enseñarlas puede ser un desafío para los maestros en las escuelas. La forma en que evaluamos las habilidades esenciales de pensamiento y las incorporamos a nuestras lecciones diarias es realmente crítica, y por ello se hace necesario esa experiencia:

Conectar varias ideas

Reunir muchas ideas es de gran importancia si se pretende capacitar en pensamiento crítico. Por ejemplo, los maestros de escuela pueden preguntar a los estudiantes sobre quién toma el autobús para ir al trabajo, y si hay uno, por qué sería esencial tener un programa de entrenamiento. Estas preguntas ayudarán a los estudiantes a tener consideraciones sobre varias situaciones y soluciones que pueden ayudar a llevar el conocimiento a nuevos contextos.

Intercambio de ideas

Es una excelente herramienta para ayudar a mejorar la educación. También es una excelente herramienta en el ejercicio del pensamiento crítico, más aún cuando se juntan elementos visuales que vienen junto con el pensamiento original y las interacciones en el aula.

Incorporación de varios puntos de vista

Este es uno de los mejores ejercicios que los estudiantes pueden utilizar para explorar conceptos desde múltiples perspectivas. Este proceso no sólo establecerá cómo debe evaluarse una idea desde varios puntos de vista, sino que también dará a los estudiantes la oportunidad de compartir sus opiniones y al mismo tiempo recibir opiniones nuevas de los demás mientras escuchan e interactúan.

Estrategias de enseñanza para la capacidad de pensamiento crítico

Pensar críticamente no implica sólo pensar, sino también pensar independientemente. La mayoría de los estudiantes que han dominado las habilidades de pensamiento crítico pueden desarrollar la destreza de identificar y separar los efectos que pueden moldear su personalidad y los que no. Se necesitan algunas estrategias para mejorar el pensamiento crítico.

1. *Tener técnicas de cuestionamiento*

Tener una pregunta es una herramienta esencial para mejorar la capacidad de pensamiento crítico. Esta estrategia es sencilla y puede ser fácilmente mejorada por los estudiantes. Crear artículos que le den a los estudiantes una capacidad de pensamiento extra. Hacer preguntas que tengan una respuesta de sí o no. Estos temas proporcionarán a las personas plataformas para medir sus conocimientos sobre un tema. Hacer preguntas que puedan lograr que piensen más profundamente por muy complicado que esto sea.

2. *Discusiones dirigidas por los estudiantes*

Los entornos de aprendizaje de los estudiantes favorecen sus habilidades de pensamiento crítico logrando que los estudiantes reflexionen meta cognitivamente. En un aula, los estudiantes dependerán de sus compañeros para responder las preguntas que les haga su profesor. Usted puede utilizar un juego de misterio en el que los estudiantes dependerán solo de ellos mismos para obtener las respuestas. Es un proceso fantástico porque podrá apreciar cómo los estudiantes interactúan en el aprendizaje. Esto hará que estén concentrados durante toda la lección, y ni siquiera se darán cuenta de que el profesor está en la clase. El proceso hará que la experiencia sea poderosa y apropiada para conseguir la colaboración de todos los estudiantes.

3. *Aprendizaje basado en la investigación*

Los estudiantes deben tener interés en lo que están estudiando. El aprendizaje basado en la investigación es esencial ya que implica que los estudiantes crezcan en el proceso de aprendizaje y se involucren en las habilidades de pensamiento crítico. Este proceso implica no solo el aprendizaje de los estudiantes, sino también el activar la concentración y el interés. Para tener un aprendizaje de investigación exitoso, usted debe crear preguntas a las que ellos querrán respuestas. Los estudiantes deben ser capaces de hacer preguntas de pensamiento de alta complejidad.

4. *Colaboración*

Un aspecto esencial del pensamiento crítico es la capacidad de hacer preguntas y examinarlas. Cuando los estudiantes se asocian con sus compañeros, se promueve la construcción de un carácter propio que mejora la independencia y el pensamiento crítico. Usted debe tener tiempo durante toda la lección y ayudarlos a establecer conversaciones con sus compañeros e intercambiar ideas. Esto permite a los estudiantes a aprender entre ellos, por lo que puede ayudar a eliminar la confusión y los malentendidos. La colaboración será de gran ayuda en la expansión del pensamiento de los estudiantes al mostrar que cada uno tiene una capacidad de raciocinio diferente.

5. *Estudio basado en problemas*

Esta estrategia brinda a los estudiantes la posibilidad de poner en práctica habilidades de pensamiento crítico al darles una estructura para la inventiva y la creatividad, lo que les ayudará a tener una comprensión más profunda. Los pasos son fáciles de aplicar y pueden ser usados repetidamente para diferentes temáticas.
- Explorar un tema o dificultad específica.
- Investigar y hacer una lluvia de ideas.
- Desarrollar soluciones y presentarlas a toda la clase.
- Crear una llamada a la acción y establecer los pasos a seguir.

Capítulo 6: Tipos de pensamiento crítico

El razonamiento lógico (o sólo la "lógica" para abreviar) es uno de los pilares del pensamiento crítico. Funciona sacando a relucir temas como:
- Si esto es cierto, ¿qué más debe ser cierto?
- Si esto es cierto, entonces ¿qué más es probable que sea cierto?
- Si esto no es verdad, ¿qué más no puede ser verdad?

Todas estas son conclusiones: son asociaciones entre una declaración dada (la "premisa") y alguna otra declaración (la "conclusión"). Las conclusiones son las estructuras esenciales del pensamiento lógico. Los principios estrictos que rigen lo que se considera una inferencia válida y lo que no, es como las matemáticas aplicadas a las frases en contraposición a los números.

Ejemplo: Si hay alguien en la entrada, el perro ladrará.

Esperando que esta frase sea cierta, algunas frases diferentes deben ser igualmente válidas.
1. Si el perro no ladró, no hay nadie en la entrada.
2. El hecho de que el perro haya ladrado no significa que haya alguien en la entrada.

Hay también un par de frases que son probablemente válidas, por ejemplo,
1. El perro puede detectar (oír u oler) cuando alguien está en la entrada.
2. El perro pertenece a los individuos que viven en la casa donde se encuentra la entrada.

Razonamiento lógico

Hay tres tipos principales de lógica, cada uno caracterizado por su propio tipo de conclusión.

Una deducción es cuando la conclusión, basada en las premisas, debe ser válida. Por ejemplo, si los hechos demuestran que el perro siempre ladra cuando alguien está en la entrada, y los hechos confirman que hay alguien en la entrada, entonces los hechos deben probar que el canino ladrará. La realidad es desordenada y no siempre encaja con las limitaciones del razonamiento deductivo (lo más probable es que no haya perros que siempre ladren cuando alguien está en la entrada). El pensamiento deductivo es todavía significativo en campos como el derecho, la ingeniería y la ciencia, donde los hechos estrictos todavía se sostienen. Todas las matemáticas son deductivas.

La inducción es el punto en el que la conclusión, dadas las premisas, es más probable. Las respuestas apropiadas son menos concluyentes que en el razonamiento deductivo, pero suelen ser más útiles. La inducción es nuestro único método para predecir lo que ocurrirá más adelante: miramos cómo son las cosas, y cómo han sido anteriormente, y hacemos una predicción informada sobre lo que probablemente ocurrirá.

Todas las predicciones, sin embargo, dependen de la probabilidad, no de la certeza: por ejemplo, es muy probable que el sol salga mañana por la mañana. Sin embargo, no está garantizado, ya que hay una amplia gama de calamidades que podrían ocurrir desde ahora hasta entonces.

La Abducción es cuando la conclusión es la mejor suposición. Comienza comúnmente con un arreglo fragmentado de observaciones y continúa con la explicación más probable concebible. El pensamiento abductivo produce el tipo de toma de decisiones diarias que hace lo mejor con la información a mano, que casi siempre es incompleta. Un diagnóstico médico es un ejemplo de razonamiento abductivo: dado un conjunto de síntomas, ¿qué diagnóstico explica mejor la mayoría de ellos, si no todos? Un paciente puede estar dormido o no informar de todos los síntomas, haciendo que la evidencia sea incompleta. Un médico debe dar un diagnóstico que podría no cubrir todos los síntomas.

Razonamiento científico

El razonamiento científico es el pilar que sostiene toda la estructura de la lógica que subyace a la investigación científica. Es un reto investigar todo el proceso, con cualquier detalle, porque la naturaleza precisa cambia entre las diferentes disciplinas científicas.

Cuatro establecimientos fundamentales subyacen al pensamiento, uniendo el ciclo del razonamiento científico.

Observación
La mayoría de las investigaciones tienen como estructura subyacente la observación. La observación de los fenómenos naturales es lo que lleva a un especialista a abordar lo que está sucediendo y comenzar a definir las preguntas e Hipótesis científicas. Cualquier Hipótesis y teorías deben ser examinadas contra los datos observables.

Teorías e Hipótesis
En esta etapa, el investigador propone las posibles razones del fenómeno, las leyes de la naturaleza que controlan el comportamiento. La investigación científica utiliza diferentes procedimientos de razonamiento científico para tocar la base de un tema de investigación práctica y la teoría. Una Hipótesis es, en su

mayor parte, separada en teorías individuales, o problemas, y probada constantemente.

Predicciones

Un buen investigador necesita predecir las consecuencias de su investigación, expresando sus pensamientos sobre el resultado del ensayo, frecuentemente como una Hipótesis alternativa. Los científicos suelen probar la predicción de una Hipótesis o teoría, en lugar de la tesis en sí. Si se observa que las predicciones son erróneas, entonces la Hipótesis es inexacta o necesita ser refinada.

Datos

Los datos son la parte aplicada de la ciencia, y los resultados de las observaciones exactas son probadas contra las predicciones. Si las observaciones colaboran con las predicciones, la hipótesis se refuerza. Si no, la teoría debe ser cambiada. Para probar las predicciones se utiliza todo un ámbito de pruebas objetivas, aunque muchas disciplinas científicas basadas en la observación no pueden utilizar la estadística.

La psicología del pensamiento crítico

La psicología social es antigua; sin embargo, la ciencia que se describe en estas páginas es actual. Los hechos demuestran que le debemos mucho a lógicos como Aristóteles, Sócrates, Platón, y muchos otros, que pensaron en la sociedad e hicieron observaciones astutas. Los investigadores posteriores, de todos modos, han puesto a prueba empíricamente un gran número de estos primeros pensamientos. Nosotros, como un todo, tenemos un legado social al que estamos obligados por algunas ideas contemporáneas.

Los psicólogos están de acuerdo en que no hay un único enfoque correcto para examinar cómo piensan o se comportan los individuos.

Hay, en cualquier caso, diferentes escuelas de pensamiento que avanzaron a través del desarrollo de la psicología, la cual sigue moldeando la forma en que exploramos el comportamiento humano. Por ejemplo, algunos terapeutas pueden atribuir un comportamiento específico a factores biológicos, tales como, cualidades congénitas o hereditarias, mientras que otro terapeuta podría pensar en los encuentros juveniles prematuros como la explicación más probable del comportamiento. Estas diferentes ideas contribuyeron a las teorías dominantes que hoy en día impactan y dirigen la investigación, así como las ideas psicológicas sociales.

Dominio teórico

Estos primeros eruditos propusieron ideas generales de tal forma, que se mantuvieron como clarificadoras de toda la conducta social. Por ejemplo, algunos recomendaban que el hedonismo explicara todo lo que hacemos. Otros propusieron que comprendiéramos el comportamiento humano como un mero componente de la suplantación de identidad o de los impulsos. Este énfasis en las ideas amplias dio pie al concepto del "nominalismo" en la psicología. *¿Comprendemos realmente más por la mera observación del comportamiento?* Al final, los analistas sociales percibieron la deficiencia de los estándares de barrido y comenzaron a mejorar las hipótesis dependientes del método científico.

¿Qué caracteriza a la ciencia del cerebro social como un orden? Por así decirlo, la psicología social es la investigación científica de la cognición social (cómo piensan los individuos unos de otros), cómo los individuos se ven afectados por el comportamiento de los demás (por ejemplo, la conformidad) y cómo se identifican unos con otros a través de la participación o la hostilidad. Este razonamiento dio lugar a teorías notables en la psicología, y a algunas en la sociología y otras disciplinas conexas.

Teorías de aprendizaje

Estas especulaciones incorporan el antiguo condicionamiento clásico, el condicionamiento operante y el aprendizaje observacional. De estas metodologías, la más notable para la psicología es el aprendizaje observacional. Por ejemplo, averiguamos cómo ser agresivos, averiguamos cómo pelear, cómo herirnos unos a otros, observando a los demás actuar de esta manera. Construimos nuestras actitudes, nuestras emociones de hostilidad, y otras prácticas sociales a través de la observación discreta y abierta de los demás. Los guardianes son buenos ejemplos en el desarrollo temprano, pero otros, incluyendo maestros y amigos, impactan adicionalmente a los niños. En los últimos tiempos los medios de comunicación han asumido un papel significativo, y se han realizado muchas investigaciones, gracias a la televisión, sobre el comportamiento humano.

La cognición social

Las teorías de consistencia cognitiva son puntos de vista esenciales en la psicología social. Estos puntos de vista proponen la posibilidad de que los individuos tengan un requisito necesario de consistencia y equilibrio cognitivo. Por ejemplo, cuando los individuos se vuelven conscientes de las creencias y actitudes que entran en conflicto con su comportamiento, esta inconsistencia se experimenta como un estado emocional incómodo. La disonancia, por lo tanto, inspira un cambio social y una renovación de las creencias y actitudes.

Procesamiento de la información

Las teorías de información avanzadas influyeron en el desarrollo de la teoría avanzada de la cognición social en las ciencias naturales. Las teorías de la cognición social encuentran las razones de la conducta humana en la preparación de la información, y en nuestros esfuerzos por entender a los demás y a nosotros mismos. El pensamiento fundamental es que funcionamos como PCs humanos cuando codificamos datos, los almacenamos en la memoria, y los recuperamos en un momento dado.

Teorías de la equidad y el intercambio

No debería sorprendernos que las teorías de la psicología social reflejen nuestro marco financiero, aunque eso sigue siendo una presunción implícita de valor y teorías comerciales. Aspirar a la equidad y a resultados justos refleja las relaciones económicas ideales en una sociedad capitalista. Básicamente, estas hipótesis aclaran la conducta social humana en lo que respecta a las recompensas, los gastos y los beneficios, proponiendo que todas las relaciones contienen estos tres componentes. Criar a un niño puede ser satisfactorio, pero, además, proporciona muchos costos que no son inmediatamente evidentes para los padres jóvenes. Las recompensas pueden incluir la satisfacción psicológica de crear y alimentar la vida. Los gastos pueden consistir en los innegables gastos económicos, pero también en los gastos psicológicos si el niño es problemático y elige un camino de conducta opuesto.

Dominio de la metodología

¿Cómo estudiaríamos la conducta social? La psicología social como ciencia se basa en dos técnicas. El primer procedimiento es una correlación, por ejemplo, analizar la calidad y dirección de las relaciones entre los factores en los temas de interés. La segunda es la investigación experimental en el laboratorio, basada en el control de factores independientes observando las consecuencias para los factores dependientes.

Investigación de correlación

Por ejemplo, podemos estudiar la tasa de cáncer de pulmón entre los fumadores. Si fumar amplía el peligro de enfermedad, debemos anticipar una relación entre el grado de tabaquismo y la incidencia de cáncer. Es importante recordar que la correlación no es igual a la causalidad. Sin embargo, para cuestiones progresivamente específicas, el muestreo aleatorio permite al analista llegar a inferencias sobre las opiniones en la comunidad inclusiva.

El método de encuesta sigue siendo un aparato significativo para la psicología social en los campos de la investigación de opiniones y el escalamiento de actitudes. Es más común en la psicología social que hace parte de la sociología. Sin embargo, el método experimental, que busca la causa y el efecto, todavía tiene la consideración de la mayoría de los analistas sociales de la psicología.

La investigación experimental
Este tipo de investigación se lleva a cabo comúnmente en una situación controlada como un laboratorio. Desde el primer punto de partida, la psicología se construyó sobre las ciencias naturales con objetivos para un día desarrollarse como una disciplina. Dado el corto tiempo registrado desde el comienzo de la psicología social, es demasiado pronto para evaluar su prosperidad como ciencia natural. Sin embargo, el anhelo de convertirse en una disciplina científica aceptable explica las técnicas utilizadas por la mayoría de los psicólogos sociales. La investigación experimental está plagada de desafíos como el sesgo en los experimentos y la ética en las investigaciones preliminares.

Dominio práctico

Como se ha visto, la psicología social se interesa por todo un abanico de cuestiones sociales. ¿Cuáles son las investigaciones sociales más importantes en la actualidad? Un tema social de importancia es el impacto de la violencia en los medios de comunicación sobre la agresión en la sociedad. En los Estados Unidos, miles de personas mueren cada año por actos de terrorismo. A veces el debate sobre la violencia se ve distorsionado, por ejemplo, por el argumento del lobby que hacen los productores de las armas de fuego que argumentan que las armas de fuego no matan a las personas, sino que las personas matan a las personas. Ese pensamiento se simplifica en exceso e ignora la forma en que la accesibilidad de las armas es un estímulo que provoca habitualmente encuentros mortales en una sociedad en la que se subestima la violencia. El impacto de la violencia televisiva sigue siendo un problema social importante, y la investigación aplicada sobre este tema puede aportar soluciones sociales impactantes.

Si es difícil crear una ciencia pura como la que se observa en las ciencias naturales, muchos hallazgos de la investigación pueden informar y construir un valioso conocimiento aplicado. La investigación sobre las actitudes, puede, por ejemplo, ser invaluable en la publicidad y en la persuasión de la opinión pública. Obviamente, debemos ser conscientes de la línea entre la persuasión y la manipulación; una línea que a menudo se pasa por alto en el mundo de la publicidad de hoy en día. Además, la investigación sobre la parcialidad puede ser valiosa para gestionar y resolver cuestiones de hostilidad étnica y nacional.

Una cuestión importante en la psicología social es si los descubrimientos encontrados en la recreación de la vida en los laboratorios pueden, en verdad, aplicarse a las experiencias de la vida real. ¿Se comportan los individuos de manera similar, en situaciones de la vida real, a las condiciones creadas por el experimentador?

Cuando la situación lo exige, es posible aplicar muchos de los descubrimientos del laboratorio al mundo real. Por ejemplo, en un caso de estudio, hecho en estudiantes universitarios, se demostró que la mitad de ellos torturaban a sus cohortes en las celdas de la prisión. Este ejemplo se relaciona con muchos ejemplos de la vida real de tortura y violaciones de los derechos humanos. Y tal uso de aplicaciones debe ser la base general de un hallazgo de investigación significativo y de la teoría en psicología social.

Capítulo 7: Ejercicio para el pensamiento crítico

En este capítulo, trataremos temas como:
- Tiempo para pensar críticamente
- Análisis de los hechos y aplicación de la lógica
- Ejercicio de pensamiento crítico
- Habilidades poderosas relacionadas con el pensamiento crítico

Es hora de pensar críticamente

Cuando se tiene la capacidad de transformar la buena comprensión puede considerarse como una forma de pensamiento crítico porque está transformando el estilo de vida de un individuo. Usted debe ser capaz de preguntar y seguir el esquema de la investigación hasta su final lógico, a pesar de tener probabilidades con fuertes creencias, debe haber una herramienta poderosa en el autodescubrimiento.

Cómo tomar su decisión

En nuestra vida diaria, usted tiene que tomar decisiones sobre qué vestir, comer o cómo pasar su tiempo. Tomar una decisión es algo casi que intrínseco, y tiene que hacerse continuamente, incluso si la decisión no corresponde a la mejor elección, en los casos en que los riesgos que esta decisión conlleva son desestimables. Muchas veces se tienen que tomar decisiones difíciles como:
- ¿Cuándo es conveniente mudarme?
- ¿Qué tipo de trabajo me conviene más?
- ¿Estoy en la relación correcta?
- ¿Debería proceder con el divorcio?

Puede que tenga muchas decisiones en las que pensar, así que el cerebro se confunde debido a las difíciles decisiones que intenta tomar. Cuanto más tiempo consuma en la toma de decisiones, más se confundirá, y se sentirá atrapado y poco útil.

La confusión puede hacerle sentir tan incómodo al punto de ignorar que se le asocia con la toma de decisiones muy difíciles. No se le aconseja que piense demasiado ya que esto afectará su proceso de toma de decisiones. No sobrecargue su cerebro tratando de predecir el futuro a pesar de la certeza de los resultados. La vida está llena de sorpresas, y tiene que estar seguro de tomar la decisión correcta dependiendo de su fe y de lo que cree que más le conviene. Cuando se ve enfrentado a tomar una gran decisión, debe aprender a seguir muchos pasos que incorporan una gran dosis de control emocional. En resumen, tiene que empezar a razonar primero antes de escuchar al corazón. A continuación, se presentan algunas razones principales sobre cómo tomar decisiones sin ningún tipo de arrepentimiento:

1. Tener una visión en la vida

Tener una visión en la vida debería ser el factor clave y el punto de referencia en cada decisión que está a punto de tomar. Cuando tiene un sueño como: ¿Dónde se visualiza en un futuro, dependiendo de las opciones de carrera que tiene a su disposición, ¿cómo serán sus relaciones, estabilidad financiera, estilo de vida entre otros? ¿Qué planes tiene para mejorar su visión? Debe entonces, anotar sus proyecciones y los valores en la vida que definan su carácter, para poder revisarlos permanentemente en cualquier momento que tenga libre. Con sus objetivos bien planeados, incluso cuando tenga que tomar una decisión muy difícil, se le hará sencillo, debido a la buena planificación que tiene. En cambio, sin un plan, estará estresado y probablemente termine arrepintiéndose de muchas de sus decisiones. Tome todas sus decisiones basadas en su visión y esté siempre los más alineado posible con su plan.

2. Evaluación de los Pros y los Contras

Al tomar una decisión, hay que considerar las consecuencias que esta decisión conlleve, ya sean positivas o negativas. Anote una lista de pros y contras para cada opción y dele a cada punto una prioridad teniendo el más importante a la cabeza de la lista.

¿Cuáles son las posibilidades de sus contras? ¿Son mejores que sus pros? ¿Es capaz de hacer frente a las consecuencias negativas? ¿Qué es capaz de hacer para moderar el resultado?

3. Llamar a un amigo

Tómese su tiempo para seleccionar a dos de sus amigos de los que más valore su opinión y juicio siempre que interactúa con ellos. Hábleles sobre la visión que tiene de la vida y comparta con ellos la lista de sus pros y contras y pídales su punto de vista, como una contribución a su proceso de toma de decisión. Un amigo que tenga una opinión diferente, puede ayudarle a tomar mejores decisiones. Tener un entrenador personal puede ser una gran ventaja porque usted puede ser desafiado a responder preguntas sobre sus reales motivaciones, sentimientos y deseos.

4. Elevar un poder superior

Consiga un lugar tranquilo, respire profundamente, cierre los ojos, luego ore y medite, pidiendo orientación. Su sabiduría e intuición internas elevarán su pensamiento, y disminuirá la perturbadora confusión y el pensar demasiado para tomar una decisión. Póngase en su propio mundo y piense en su vida y concéntrese en cómo se siente. Escriba eso que siente, y luego de unos días revíselo. Puede sorprenderse con las respuestas inesperadas del presente.

5. Intenta el truco de la moneda

Esta idea es genial, ya que le sirve para cualquier necesidad. Tome una moneda y asigne una decisión si cae cara y otra si cae cruz. Lance la moneda y antes de que caiga, concéntrese en el lado que eligió, esperando que caiga en ese lado. En caso de que haya más de dos opciones, tendrá que ir descartándolas entre sí con el truco. Esta es una acción que puede hacer fácilmente. Sentirá algo que le empujará dentro de su corazón, y tiene que comprobar la respuesta con mucho rigor. Las decisiones que debe tomar, debe tomarlas, a pesar de los conflictos que se le presenten, considerando sus necesidades más profundas.

6. Investigación y experimentación

Es fundamental que haga un trabajo previo de investigación para tener algún conocimiento sobre sus opciones. Investigar y hacer preguntas, interactuar con personas que han estado en la misma situación. Intente experimentar con sus resultados y cuando se sienta listo, tome una decisión directa. Si tiene una oportunidad de trabajo, consigue permiso para ser el alumno de alguien en la oficina. En situaciones en las que quiera terminar una relación, lo aconsejable es que se tome un tiempo antes de tomar una decisión.

7. No mirar atrás

Después de terminar su trabajo, establecer su visión, examinar sus pros y contras, buscar orientación, entonces tiene que tomar la decisión y no mirar atrás. En la vida siempre existen un millón de caminos diferentes que se pueden tomar, y todos ellos conducen a varias perspectivas y significados potenciales diferentes. No hay garantía, pero tiene que decidirse por una. Tiene que considerar la incertidumbre como parte de la aventura. Teniendo en cuenta esta aventura, tendrá la suficiente confianza en lo que decida y deberá seguir adelante. Tiene que aprender en cada camino que siga. La capacidad de tomar decisiones es el impulso para el crecimiento profesional. Cuando usted entra en el proceso de toma de una decisión, debe saber que la incertidumbre es inaceptable y tiene que decidir sin miedo para no quedarse estancado. Si tiene en cuenta y aplica los pasos mencionados anteriormente, entonces te darás poder y no tendrás espacio para arrepentirte.

Análisis de los hechos y aplicación de la lógica

Hay que tener en cuenta que el pensamiento crítico es un diseño activo de pensamiento. Después de recibir mensajes y procesarla, aun puede cuestionar lo que dice. Puede preguntarse si los mensajes están bien sustentados. Cuando usted aplica el pensamiento crítico en esta información usted pondrá a prueba una gran variedad de habilidades como: atención, exploración, evaluación, inferencia, interpretación, explicación y autorregulación. Para tener éxito en este proceso, es primordial contar con un cerebro de mente abierta.

Escuchar

Para que entienda mejor lo que es escuchar, debe saber la diferencia entre escuchar y oír. La audición es el proceso psicológico de obtener sonidos mientras que la escucha es el medio psicológico de darle sentido a los sonidos. En nuestra vida diaria, estamos rodeados de muchos y variados ruidos y sonidos. Si trata de darle sentido a los sonidos, puede pasar todo el día haciéndolo. A pesar de los muchos sonidos que escuchamos, muchos de ellos son filtrados. Hay algunos ruidos que pasarán a la primera línea de su conciencia. A medida que escucha, también le da sentido a los sonidos. Esto sucede diariamente en el subconsciente, sin tener en cuenta el proceso.

El pensamiento crítico requiere que escuche cuidadosamente los mensajes. Tiene que tener cuidado con lo que se dice y no se dice. Tiene que estar interesado en no ser interrumpido por ningún ruido que arruine las ideas que tuvo. En ese momento solo le debe interesar el mensaje. Escuchar puede ser difícil cuando el mensaje que se transmite tiene información sesgada. Analice la situación hipotética en la que usted está tratando de hablar sobre el aborto. Escuchará mientras la otra persona habla, pero habrá un fuerte sentimiento que muy probablemente lo obligará a comenzar una discusión. Al final, se encontrará en la situación en que ambos hablarán uno al lado del otro, pero ninguno de los dos se estará escuchando.

Análisis

Después de escuchar un mensaje, usted puede analizarlo. También puede analizar los mensajes al mismo tiempo que los escucha. Cuando analice algo, asegúrese de ser muy detallado y separar los componentes principales del mensaje. Imagine que está actuando como un cirujano en el mensaje, sacando todos los diversos componentes y poniéndolos en evidencia para una contemplación previa y una posible acción.

Evaluación

Cuando evalúe una tarea, continuará con la progresión del análisis comprobando la legitimidad de las diferentes declaraciones y opiniones. Una forma de evaluar un mensaje es cuestionando lo que se dice y quien lo dice. A continuación, se presenta un esquema de las preguntas que puede hacer:

¿Es el orador creíble?

Puede que no sea un experto en un determinado campo del que se supone que debe hablar, pero con la investigación puede ser un mini-experto.

Con sentido común, ¿suena la declaración como verdadera o falsa?

Puede sonar sospechoso, pero tener más de cuatro copas de vino en una mesa puede parecer no ser correcto. Puede ser visto como una borrachera.

¿La lógica empleada retrasa el estudio?

Cuando consideras el discurso de Shonda puedes darte cuenta de la parte lógica de ella. Pero más tarde en su discurso hay algunas ideas equivocadas.

¿Qué objeciones plantea el mensaje?
Además de la probabilidad de que Shonda luzca como ebria, también trae consigo la posibilidad de aumentar el alcoholismo o las complicaciones de la condición física a largo plazo.

¿Puede la información adicional afectar al mensaje?
Mucha información o datos no estarán de acuerdo con sus afirmaciones. Cuando investigue, descubrirá que la mayoría de los resultados médicos no concuerdan con las afirmaciones de que beber más vasos de vino diariamente es algo bueno.

Ejercicio de pensamiento crítico

El ejercicio de pensamiento crítico objetivo busca la honestidad. Hay que ser audaz e independiente de los pensamientos convencionales y descubrir la verdad no encontrada. El pensamiento crítico también ha sido considerado como el corazón de la disipación de los grandes mitos sobre nuestro mundo y cómo está trayendo muchos cambios al mundo. El pensamiento crítico difiere del pensamiento analítico y lateral probablemente: el pensamiento analítico tiene como objetivo revisar la información presentada. El pensamiento lateral apunta a poner los datos en un contexto diferente. El pensamiento crítico apunta a crear un juicio general sobre los datos que es libre y no tiene premisas falsas.

Se ha considerado que el pensamiento crítico es difícil de comprender, ya que requiere que los estudiantes dejen de lado las suposiciones y creencias para estudiar y pensar sin ser parcializados o juzgados. Implica posponer las creencias que se tienen sólo para explorar y cuestionar los temas desde el punto de vista de las páginas en blanco. El pensamiento crítico se ha asociado con la distinción de hechos y opiniones al descubrir un tema.

El pensamiento crítico para los estudiantes

Estas piezas de entrenamiento han sido diseñadas para ayudar en las habilidades de pensamiento crítico.

1. Guía turística para Alienígenas

El ejercicio le dará la oportunidad de razonar más allá de su forma normal de pensar y ver las cosas. Tomemos un ejemplo en el que se le ha asignado la tarea de manejar la gira de los extraterrestres que vienen a la tierra para estudiar la vida humana. Está abordo de un dirigible, teniendo una vista del paisaje y vuela sobre un estadio de béisbol profesional. Cuando pasa por encima, un alienígena siente curiosidad y pregunta sobre lo que está pasando, y hace muchas preguntas como:

- ¿Qué es un juego?
- ¿Por qué no hay mujeres en el juego?
- ¿Por qué la gente se emociona al ver a otros jugar?
- ¿Qué es un equipo?
- ¿Por qué la gente en las gradas no se une a los que juegan?

Si responde a las preguntas completamente, puede ser rápido llegar a ciertas suposiciones y valores. Puede dar una respuesta como "apoyamos a un equipo en particular porque nos unen como comunidad". Incluir el concepto de comunidad en su declaración es un valor que es entendido reconocido por muchas personas. Cuando explique acerca de los deportes de equipo a un alienígena, asegúrese de definir el valor entre ganar y perder. Pensar como un guía turístico alienígena le obligará a mirar profundamente las cosas que hacemos y valoramos. A veces no son lógicas cuando las miras desde fuera.

2. Hecho u opinión

Hay que ser consciente de la diferencia entre hecho y opinión, y no es fácil de distinguir. Cada vez que usted visita una página web, ¿qué siente sobre las cosas que lee? Debido a la disponibilidad de tantos datos, es fácil para los estudiantes mejorar sus habilidades de pensamiento crítico. Tiene que ser perspicaz y usar fuentes confiables para sus tareas y proyectos escolares. Puede estar en un mundo lleno de suposiciones, como ya sabe, cuando usted no es capaz de distinguir entre hechos y opiniones. En este ejercicio, tiene que estar muy atento a lo que está leyendo sólo para saber si es un hecho o una opinión. Puede hacerlo solo o con un compañero de estudio.

- Tengo la mejor madre del mundo.
- Mi padre es más bajo que el tuyo.
- Tu número de teléfono es un poco difícil de tener en cuenta.
- La parte más profunda del lago tiene 15.789 pies de profundidad.
- Los perros son los mejores amigos del hombre.
- Beber demasiado no es bueno para la salud.
- La mayoría de los ciudadanos americanos son daltónicos.
- La mayoría de los casos de cáncer son causados por fumar.

Pensamiento crítico en el lugar de trabajo

Hay algunas formas que puedes usar para promover el pensamiento crítico en tu lugar de trabajo. Los siguientes temas son algunas de las formas de mejorar el pensamiento crítico en su organización:

1. **Contratación y promoción de pensadores críticos**

El primer y muy importante paso para mejorar el espíritu de equipo en el pensamiento crítico es contratar a personas que hayan adquirido experiencia en esa área. La entrevista de personalidad es la mejor manera de sopesar la capacidad de su candidato en la evaluación crítica y la investigación. Haciendo del pensamiento crítico una competencia deseada para el liderazgo y la promoción, entonces usted habrá comenzado el viaje de construir un gran crecimiento de pensadores críticos dotados.

2. Construir una cultura de aprendizaje

Usted debe tener un entorno que ocupe los caracteres asociados al pensamiento crítico son una parte natural de los valores de su industria. Hay algunas formas en las que puede participar en la construcción y el apoyo de la cultura que estimula el análisis crítico como:

- Incorporar los debates sobre las lecciones aprendidas después de la finalización de un proyecto, donde los empleados tienen la oportunidad de ver y aplicar en áreas donde el pensamiento crítico puede ser de ayuda para mejorar la producción de un proyecto.
- Crear un ambiente en el que se hagan preguntas difíciles y permitir que todos sus empleados formen parte de él para hablar libremente de forma alternativa.
- Tener un plan para la toma de decisiones que dé energía positiva al pensamiento crítico, como tener soluciones a los problemas, explorar los prejuicios y hacerse cargo de las consecuencias de las diversas soluciones sugeridas.

3. No se precipite a sacar conclusiones

Para mejorar el pensamiento crítico en su lugar de trabajo, no debe sacar conclusiones precipitadas. Resuelva un problema comprendiendo bien los desafíos que tiene. Hay algunos consejos sobre cómo lograrlo:

- Averiguar el origen de un problema haciendo preguntas.

- Describir el resultado antes de que se conforme con resolver el problema.
- No piense demasiado en la búsqueda de una solución, ya que eso ralentizará el proceso de resolución del problema y limitará los pensamientos disciplinados.

4. **Crear en los foros internos**

El acto de hablar las cosas puede ser un gran paso para ayudar a resolver un problema. Tener un lugar donde se pueda hablar de sus problemas ayuda a generar nuevas ideas y ayuda a desarrollar un buen ambiente de trabajo y crea resoluciones a los problemas en su lugar de trabajo.

5. **Enseñanza y formación**

El desarrollo de la formación en habilidades de liderazgo y unidad puede ser muy positivo para ayudar a mejorar las fortalezas de pensamiento crítico de sus empleados, creando un cambio de mentalidad y de habilidades. La gente obtendrá nuevos personajes y comenzará a ver el lado más amplio del manejo de los problemas y cómo resolverlos. El aprendizaje experimental puede ser un paso positivo ya que promueve el pensamiento crítico mediante el aprendizaje y la práctica. Este enfoque comprometerá plenamente a los empleados, y mejorarán continuamente las habilidades críticas y de resolución de problemas. La construcción de una norma que mejore y fomente el pensamiento crítico en su empresa le hará conseguir grandes resultados y productos.

Habilidades poderosas relacionadas con el pensamiento crítico

Hay varias técnicas que pueden utilizarse para enseñar habilidades de pensamiento crítico en cada lección y materia. Puedes investigar y tener las formas e incorporarlas en tus prácticas de enseñanza diarias:

1. **Empieza con una pregunta**

Comience con una forma abierta y clara de entrar en el tema. De que quiere hablar y que quiere explorar. Las preguntas no deberían ser de respuestas cerradas de sí y no. Para que usted pueda hacer mejores preguntas, éstas deben estar inspiradas en el deseo de resolver el problema. Las preguntas que haga a los estudiantes deberían darles el espacio para una lluvia de ideas. Puede anotar las respuestas en la pizarra y abrir las charlas dando a los estudiantes la ventaja de definir el problema y su solución.

2. **Creación de una base de datos**

A los estudiantes les cuesta pensar críticamente si la información que quieren no está ahí o acceden a ella. Cualquier ejercicio debe comenzar con la revisión de los datos relacionados que aseguren que pueden pensar en los hechos relacionados con el tema. Los elementos son:
- Leer las tareas y los deberes.
- Clases y tareas previas.
- Vídeo o texto.

3. **Consultar los clásicos**

Las obras literarias clásicas son una perfecta plataforma de lanzamiento para explorar el gran trabajo del cerebro. Puedes usarlos para lecciones detalladas para construir la motivación de los personajes, predicciones y temas. Hay algunos enlaces que pueden ayudarte a explorar los recursos:
- El norte escéptico
- Comunidad de pensamiento crítico
- Shakespeare y el pensamiento crítico

4. Creación de un país

Este puede ser un gran proyecto para estudiar la situación de su país. Los estudiantes pueden estudiar historia, geografía, política y mucho más. Hay algunos recursos que pueden ayudarte:
- Sitio de geografía
- ¿Puedes empezar tu propio país?
- Formas de comenzar su micro nación

5. Usando la elocuencia de la información

Se supone que los estudiantes deben estar bien informados para mejorar su éxito en la escuela y en la vida. Tienen que aprender a acceder a mucha información y tener formas apropiadas de resolver un problema. Los estudiantes deben ser capaces de mejorar sus habilidades de pensamiento. Cuando se enseñan habilidades de pensamiento crítico se evidenciará por la fluidez en la comprensión de la información.

6. Utilización de grupos de compañeros

Cuando tenga grupos, posiblemente estará tranquilo. Niños nativos digitales viviendo en ambientes que tienen trabajo en equipo y colaboración. Tiene que hacer que los niños se den cuenta de que hay una excelente oportunidad de obtener información, preguntas y resolución de problemas.

7. Pruebe una Frase

Puede probar el ejercicio teniendo grupos de 10 estudiantes. Después de lo cual instruye a cada estudiante a anotar una frase hablando del tema en una hoja de papel. Después de escribir, el estudiante debe pasar el papel a la siguiente oración. Pero al pasar el papel se supone que debe ser doblado para cubrir la frase. Con eso, sólo se verá una frase y no cualquier otra y cada vez que la pasen los estudiantes sólo verán una frase. Esta tarea añadirá más pasos en su comprensión. Les enseña a aplicar el conocimiento y la lógica para describirse claramente.

8. El Solucionar problemas

Asignar la resolución de un determinado problema puede ser la mejor vía para enseñar habilidades de pensamiento crítico. Se supone que usted debe dejar el objetivo abierto para que consigan la mejor táctica posible. Esta es una de las razones por las que debe hacer preguntas convenientes que quieran descubrir el conocimiento a través del pensamiento crítico. Cuando tenga el proceso correcto para llevarle a cabo, entonces se dará cuenta de que es mejor enseñar pensamiento crítico y habilidades para Solucionar problemas.

9. Dramatizaciones como juego y método

Este juego es considerado como un gran método para practicar el pensamiento crítico. Es por eso que la mayoría de los actores hacen una gran cantidad de investigación que implica habitar el personaje y sus apariencias. Cuando uno toma el personaje de alguien, esto nos ayuda a expandir las habilidades de pensamiento analítico y creativo. Reúna a los estudiantes y déjelos investigar sobre un tema como el conflicto que implica la comunicación en medio de famosas estadísticas históricas. Haga que decidan qué personaje van a interpretar. Cada uno de ellos tendrá diferentes puntos de vista con respecto al conflicto. Déjelos que discutan el conflicto hasta que cada uno sea capaz de hablar de sus puntos de vista. El desafío al que se enfrentarán es cuando todos deban establecer o sugerir un compromiso.

Capítulo 8: Pensamiento Crítico vs. Pensamiento No Crítico

¿Qué es el pensamiento no crítico?

El pensamiento no crítico es aceptar como exactas, cosas que no están respaldadas por ninguna evidencia. Es elegir qué hacer o decir basándose sólo en la emoción, o saltar a una respuesta o conclusión sin abrirse camino a través de las partes separadas del asunto. Se trata de un salto de fe. Si usted es un pensador no crítico, entonces lo más frecuente es que difiera su pensamiento a otros y acepte sus conclusiones de todo corazón. El pensamiento no crítico ocurre cuando no comentas, desafías o haces una comparación con otras opciones de la información que se te presenta.

¿Cuándo es probable que le ocurra el pensamiento no crítico?

El pensamiento no crítico puede ocurrir si usted está experimentando las siguientes situaciones:

- En situaciones estresantes que suceden muy rápido y usted termina reaccionando antes de que haya tenido tiempo de pensar las cosas. Actúa impulsivamente sin pensar en tales circunstancias. Puede terminar diciendo cosas o realizando acciones que le hagan sentir bastante incómodo mucho más tarde, cuando haya tenido tiempo de evaluar críticamente la situación y sopesar las demás opciones que debería haber considerado
- Otra posibilidad gira en torno a la percepción humana, y es cuando se produce una situación, y usted percibe la situación

como familiar o normal y, por lo tanto, asume que puede hacer frente a la situación de la manera habitual sólo para descubrir mucho más tarde que ha percibido erróneamente la verdadera naturaleza de la situación

- El pensamiento no crítico también puede ocurrir cuando se concentra extremadamente en una tarea complicada. Termina por sumergirse tanto en la tarea que se olvida del panorama general y de la razón por la que se dedica a la tarea en primer lugar.
- Otra situación que puede desencadenar el pensamiento no crítico es cuando usted está involucrado en situaciones altamente emocionales con consecuencias emocionales intensas. Tales situaciones ocurren cuando se enfrenta a opciones, todas ellas malas y que resultarán en una pérdida severa.

Antecedentes del pensamiento crítico

El pensamiento crítico es comparativamente una nueva forma de pensar, enseñar y aprender. Pero las raíces del pensamiento crítico son tan antiguas como la práctica de la enseñanza y las raíces de Sócrates hace 2500 años. Sócrates descubrió, mediante un método de interrogación que la gente no podía justificar racionalmente sus afirmaciones confiables sobre el conocimiento. Demostró que una persona puede tener poder y posición y sin embargo estar profundamente confundida e irracional. Estableció la importancia de hacer preguntas profundas que indaguen profundamente, en el pensamiento antes de aceptar las ideas como dignas de ser creídas. Su método de pensamiento se conoce ahora como "Cuestionamiento sarcástico". Es la estrategia de enseñanza del pensamiento crítico más conocida. En su modo de cuestionar, Sócrates destacó la necesidad de pensar con claridad y consistencia lógica

Más tarde la práctica de Sócrates fue seguida por el pensamiento crítico de Platón, Aristóteles y los escépticos griegos. Todos ellos enfatizaron que las cosas son muy diferentes de lo que parecen ser y que sólo una mente entrenada está preparada para ver a través de la forma en que las cosas nos parecen en la superficie a la forma en que realmente están bajo la superficie

En la Edad Media, la tradición del pensamiento crítico sistemático se plasmó en los escritos y la enseñanza de pensadores como Tomás de Aquino, que aumentó nuestra conciencia no sólo del poder potencial del razonamiento, sino también de la necesidad de... ser sistemáticamente discutido e interrogado.

En el período de Renaissances entre los siglos XV y XVI, un grupo de eruditos de Europa, entre ellos Francis Bacon, comenzó a pensar críticamente sobre la religión, el arte, la sociedad, la naturaleza humana, la ley y la libertad. Bacon reconoció que la mente no podía ser dejada a salvo a sus tendencias naturales. Su libro "The Advancement of Learning" es considerado uno de los primeros textos del pensamiento crítico. Bacon desarrolló un método de pensamiento crítico basado en el principio del pensamiento sistemático. Sostenía que cada parte del pensamiento debía ser cuestionada, dudada y probada.

Al mismo tiempo, Sir Thomas Moore desarrolló un nuevo sistema de orden social llamado Utopía, en el que todos los dominios del mundo actual estaban sujetos a la crítica.

En el siglo XIX, el pensamiento crítico se extendió más allá de las áreas de la vida social humana por Comte y Spencer

Los fundamentos del pensamiento crítico son que las preguntas fundamentales de Sócrates pueden ser ahora mucho más poderosamente enmarcadas y utilizadas. En cada dominio del pensamiento humano y dentro de cada uso del razonamiento interno, ahora es posible cuestionar. En otras palabras, el cuestionamiento que se centra en estos fundamentos de la teoría y la lógica son ahora la base del pensamiento crítico.

Diferencias entre el pensamiento crítico y el pensamiento ordinario

El pensamiento ordinario es el pensamiento intuitivo. No cuestionas sus propias decisiones y opiniones. Por lo tanto, los puntos de vista y las decisiones que tomes usando el pensamiento ordinario estarán sesgados y carecerán de objetividad.

Por otro lado, el pensamiento crítico requiere que pienses en tus acciones y decisiones de forma activa. Miras la vida y sus problemas de una manera muy objetiva. Si realizas el pensamiento crítico correctamente, entonces la opinión que formes estará libre de prejuicios. Las decisiones que tomes también serán muy objetivas y lógicas.

Otra diferencia entre el pensamiento crítico y el ordinario es la velocidad. El pensamiento ordinario tiende a ser rápido. Las decisiones se toman muy rápido, con una alta posibilidad de cometer tantos errores y ser parcial. Por otro lado, el pensamiento crítico tiende a ser lento, pero con resultados objetivos y libres de cualquier sesgo.

A continuación, se presenta un cuadro comparativo que ayudará a comprender mejor las diferencias entre el pensamiento crítico y el pensamiento ordinario;

Pensamiento Crítico	Pensamiento Ordinario
El pensamiento crítico implica practicar la restricción y el control de los sentimientos en lugar de ser controlado por ellos. También se trata de pensar antes de actuar.	El pensamiento ordinario es cuando tiendes a seguir tus sentimientos y actuar impulsivamente.
El pensamiento crítico requiere que evite los puntos de vista extremos porque rara vez son correctos. También debes practicar la imparcialidad y buscar una visión equilibrada.	En el pensamiento ordinario, se ignora la necesidad de equilibrio y en su lugar se da preferencia a las opiniones que apoyan los propios puntos de vista establecidos.
En el pensamiento crítico, tienes que interesarte por las ideas de los demás. Se espera que leas y escuches atentamente incluso cuando tiendes a estar en desacuerdo con los puntos de vista de la otra persona.	En el pensamiento ordinario, usted se preocupa solo de sí mismo y de sus propias opiniones, y no presta atención a los puntos de vista de los demás...
El pensamiento crítico espera que dejes de lado tus preferencias personales y bases tus juicios en las pruebas. Se requiere que aplace el juicio en situaciones en las que la evidencia falta o es insuficiente. También revisa sus juicios cuando nuevas pruebas revelan un error que	El pensamiento ordinario basa sus juicios en las primeras impresiones y reacciones viscerales. No se molesta en averiguar la cantidad de evidencia que apoya su juicio. También tiendes a aferrarte a puntos de vista anteriores, incluso ante nuevas evidencias o creencias previas.

contradice sus juicios anteriores.	
En el pensamiento crítico, uno se esfuerza por comprender, mantener la curiosidad viva, ser paciente con la complejidad y estar dispuesto a invertir tiempo para superar la confusión en una situación determinada.	Pensamiento ordinario, usted es impaciente con la complejidad, y prefiere permanecer confuso que hacer un esfuerzo para entender una situación.
En el pensamiento crítico, los problemas y los desafíos son oportunidades para que aprendas.	El pensamiento ordinario considera los problemas como una molestia o una amenaza para su ego.
En el pensamiento crítico, eres honesto contigo mismo. También reconoces lo que no sabes. Tiendes a reconocer tus limitaciones, y monitoreas tus errores.	En el pensamiento ordinario, finges que sabes más que tú. También tiendes a ignorar tus debilidades y asumes que tus puntos de vista están libres de errores.

Características de los pensadores críticos

Curiosidad

Los pensadores críticos poseen un nivel insaciable de curiosidad. Tienen curiosidad sobre una amplia gama de temas que les interesan. Tienen una sana curiosidad sobre la gente y el mundo. Los pensadores críticos tienden a estar interesados en la comprensión y apreciación de la diversidad de creencias, culturas y puntos de vista que abarca la humanidad. Son aprendices de por vida dispuestos a aprender a través de las situaciones y experiencias diarias por las que pasan.

Compasión

Los pensadores críticos actúan tanto con sus corazones como con sus mentes. Reconocen que cada persona tiene una historia de vida que la hace ser quien es. También aprecian el hecho de que los individuos tienen pruebas y desafíos personales que los forman. Luego celebran apasionadamente la singularidad de cada uno y están dispuestos a ayudarlos a ver lo mejor de sí mismos y de los demás. Abrazan el instinto emocional tanto como el intelectual de los demás.

Concienciación

Los pensadores críticos siempre son conscientes de las oportunidades que les rodean, lo que requiere la aplicación de habilidades de pensamiento crítico. Están siempre alerta a las oportunidades de aplicar sus mejores hábitos de pensamiento a cualquier situación que se les presente. Tienen el deseo de pensar críticamente incluso en las cuestiones y tareas más sencillas con sed de resultados constructivos.

Los pensadores críticos no se toman las cosas al pie de la letra. Siguen haciendo preguntas y explorando todos los lados de un asunto. Buscan los hechos más profundos que se esconden dentro de todas las modalidades de datos. De esta manera, los que piensan críticamente tienden a ser los mejores solucionadores de problemas

Decisión

Las situaciones que implican un pensamiento crítico a menudo requieren una acción rápida y decisiva. Cuando se piensa críticamente, se tiende a sopesar las opciones y a considerar los posibles resultados de una situación. Por lo tanto, necesitas rapidez y claridad, y debes ser capaz de dejar de lado cualquier temor a la hora de tomar decisiones. Un excelente pensador crítico se esfuerza por hacer avanzar las cosas rápidamente en lugar de postergarlas.

A veces tienes que tomar decisiones rápidas incluso cuando no tienes toda la información necesaria sobre una situación específica. Por lo tanto, necesitas tomar tales decisiones en confianza. Debes ser capaz de tomar la delantera y tomar decisiones difíciles que otros temen cuando te enfrentas a cualquier desafío. Si eres un pensador crítico eficaz, entonces deberías darte cuenta de la necesidad de tomar la iniciativa y tomar decisiones rápidas incluso si termina siendo la equivocada, porque cualquier elección es mejor que ninguna.

Honestidad
La honestidad es una virtud esencial para un pensador crítico. La integridad moral, la consideración ética y la acción son sellos imperativos de los pensadores críticos capaces. La gente honesta tiene un deseo de armonía y satisfacción.

La práctica de la honestidad en el pensamiento crítico también se extiende a la forma en que usted mira dentro de si mismo para tener en cuenta lo que reside escondido dentro de su alma. La honestidad tiene en cuenta el proceso que determina cómo maneja sus emociones, cómo controla sus impulsos y reconoce cualquier intento de autoengaño. Los pensadores críticos también se aceptan a sí mismos y a los demás por lo que son.

Creatividad
Los pensadores críticos eficaces son pensadores creativos sobresalientes. El pensamiento crítico práctico en los negocios, el marketing y cualquier otra profesión depende en gran medida de su capacidad de ser creativo. Cuando seas creativo en la forma de empaquetar y comercializar tu producto o servicio, esperarás atractivas recompensas en el mercado global.

Los pensadores críticos tienden a percibir el mundo de nuevas maneras para encontrar patrones ocultos y hacer conexiones entre lo que parece ser un fenómeno no relacionado y generar soluciones.

Voluntad

La voluntad y la flexibilidad son algunas de las consideraciones críticas de los pensadores críticos. La voluntad incluye las siguientes habilidades:

- Capacidad de aprender de sus propios errores y deficiencias para ser un mejor pensador crítico
- Se esfuerza por mejorar, aprender y sobresalir continuamente en lo que hace
- No teme desafiar el status de cuando se enfrenta a situaciones que le exigen hacerlo.
- Tiende a tener una mente abierta y a tomar en cuenta las opiniones de otras personas que pueden desafiar las suyas.
- Siempre que se le presentan nuevas pruebas, está dispuesto a reconsiderar sus puntos de vista pasados
- Escucha atenta y activamente en todo momento hasta tener su turno para hablar.

Objetividad

Los buenos pensadores críticos son muy objetivos en su pensamiento y razonamiento. Se centran en los hechos y en la evaluación científica de la información en cuestión. Tienden a evitar que sus emociones y las de los demás afecten a su juicio. Los pensadores críticos son conscientes de sus prejuicios, y tienden a mirar los temas de forma desapasionada.

Hábitos alimenticios que impulsan su pensamiento crítico

Tomar café en niveles moderados

El café contiene cafeína. El café es el estimulante más consumido en el mundo. Se ha referido a tener en la atención y la agudeza mental. Muchos estudios han demostrado que la ingestión de cafeína conduce a un aumento de la estimulación del corazón. Los estudios también han demostrado que la cafeína conduce a un mejor rendimiento cognitivo en varias tareas. Tiene un efecto positivo sobre la vigilancia, la agudeza mental y los múltiples dominios de atención.

La cafeína también reduce los tiempos de respuesta y las tasas de error. A tu cerebro también le encanta la cafeína. Los procesos cerebrales que responden bien a la cafeína incluyen la atención visual selectiva, el cambio de tareas, la inhibición de la respuesta y la supervisión de conflictos.

Sin embargo, debe tener en cuenta que las dosis más altas de café pueden tener efectos adversos en su salud. Demasiadas dosis de café también pueden afectar negativamente a su capacidad de pensamiento y también pueden causar ansiedad, pensamientos confusos y el habla. Se recomienda tomar una o dos tazas de café por la mañana después de haber comido algo primero.

Ingerir niveles bajos de azúcar

Puede tener la tentación de comer bocadillos azucarados o alimentos procesados para aumentar el nivel de azúcar en la sangre cuando se baja. Sin embargo, hacerlo sólo puede servir para aumentar sus niveles de azúcar en la sangre y de energía durante un corto período de tiempo, después del cual usted pasa por una depresión. Esto se debe a que el azúcar se digiere y se utiliza muy rápido y no puede mantener la energía necesaria para pensar. Entonces terminará perdiendo la concentración y su tiempo de reacción se retrasará.

Los estudios han demostrado que comer azúcar puede tener un impacto biológico adverso en tu mente y en tu cerebro. Los estudios trazaron una fuerte conexión entre la ingesta de azúcar y la disminución de la capacidad de recordar bien las instrucciones y las ideas del proceso.

Se recomienda que, en lugar de tomar azúcar, tome más alimentos ricos en proteínas y fibras para concentrarse durante el día y reducir los antojos de azúcar. Si se le antoja algo dulce, puede optar por frutas saludables como la manzana. También puedes comer algunos palitos de verduras crudas antes de la cena para añadir más fibra a tu dieta.

Come más nueces
Los estudios han demostrado que comer nueces podría mejorar significativamente la función cerebral relacionada con la cognición, la curación, el aprendizaje y la memoria. Los frutos secos como los pistachos son los mejores para mejorar el procesamiento de la cognición y el aprendizaje. También ayudan a tu cerebro a retener información durante períodos más largos. Se ha demostrado que las nueces también aumentan la capacidad de razonamiento, que es vital para el pensamiento crítico. Las nueces son adecuadas para su cerebro, ya que también son buenas para el resto del cuerpo.

No exageres
A veces se realiza demasiada actividad que podría tener efectos adversos en su bienestar general Entre los plazos, el juego, el ejercicio, el trabajo y todo lo demás, su cuerpo y su mente pueden actuar como un indicador para alertarle cuando está presionando demasiado. Si a menudo se siente cansado, puede ser una señal de

que su cuerpo está quemado y necesita descansar. Para ser un excelente pensador crítico, debes evitar el ejercicio excesivo, el alcohol, el tabaco, o comer demasiado o muy poco.

Obstáculos del pensamiento crítico y cómo superarlos

Falta de una dirección y un plan claros
Uno de los mayores obstáculos para el pensamiento crítico es la falta de metas y objetivos claros por su parte. A veces se pueden proponer metas, pero no son detalladas, y pueden carecer de un plan claro sobre cómo implementarlas.

Debes tener claro lo que quieres lograr y establecer el límite de tiempo, así como tu plan de acción. De esta manera, tu mente se organiza y te enfocas mejor en el logro de las metas establecidas.

Tener miedo al fracaso
Cuando teme fallar, su mente se ve automáticamente impedida de pensar críticamente. El miedo al fracaso o a la pérdida o a cometer un error puede impedirle tomar la decisión correcta que podría cambiar su vida.

Es la posibilidad de fracaso y la expectativa de fracaso lo que paraliza la acción y se convierte en la razón principal del fracaso y de la ineficacia en la resolución de problemas.

Miedo al rechazo
Puede posponer la toma de una decisión simplemente porque teme cómo otras personas cercanas a usted pueden reaccionar ante ella. Teme enfrentarse al rechazo o a que se burlen de tu elección. Teme que pueda parecer tonto ante su familia y amigos. Termina viviendo una vida de bajo rendimiento porque tiene miedo de venderse a sí mismo o a sus ideas de éxito.

La tendencia a mantener el status quo

El pensamiento crítico se ve obstaculizado por su deseo de mantener un entorno estable y constante. Tiende a sufrir de un deseo subconsciente de permanecer consistente con lo que ha hecho o dicho en el pasado. Tiende a tener miedo de decir o hacer algo nuevo que sea diferente de lo que dijo o hizo en el pasado.

Esta tendencia, desafortunadamente, le lleva a su zona de confort, lo que, al final, dificulta su progreso.

La falta de pensamiento proactivo

Si no se estimula continuamente la mente con nuevos conocimientos e ideas, ésta pierde su vitalidad y energía, y el pensamiento tiende a ser pasivo y automático. Si quiere evitar la pasividad, entonces debería considerar alterar su rutina para desafiar a su mente. Cambie la hora en que se levanta y salga y haga nuevos amigos de vez en cuando. Averigüe nuevas ideas para hacer cosas para que su mente se mantenga ocupada.

Racionalizas y no mejoras

La racionalización es un intento de explicar o justificar conductas o actitudes con razones lógicas, incluso si éstas son inapropiadas. Es un mecanismo de defensa de su parte en el que intenta justificar comportamientos o sentimientos controvertidos, y los explica de una manera aparentemente racional y lógica para evitar la explicación correcta. La racionalización fomenta el comportamiento, los motivos y los sentimientos irracionales o inaceptables. La racionalización, por lo tanto, va en contra de las mejores prácticas de un pensador crítico capaz.

Hábitos críticos de la mente

Búsqueda de la verdad
Siempre se busca la integridad intelectual y el deseo de luchar activamente por el mejor conocimiento posible en cualquier situación. Tiendes a hacer preguntas de sondeo y a seguir las razones y las pruebas dondequiera que te lleven.

Mente abierta
se practica la apertura mental siendo tolerante con las opiniones divergentes de otras personas, y se está abierto a la posibilidad de su propia parcialidad.

Analítico
Tiendes a estar alerta a los problemas potenciales, y te fijas en las posibles consecuencias de los asuntos en cuestión. También prevés los resultados a largo y a corto plazo de los eventos, acciones y decisiones.

Mente inquisitiva
Tiende a apuntar a estar bien informado en todo momento. Tiene curiosidad por saber cómo funcionan las cosas y busca aprender cosas nuevas sobre una amplia gama de temas. Tiene un fuerte sentido de la curiosidad intelectual.

Sistemático
Tiende a adoptar un enfoque organizado y minucioso para identificar y resolver los problemas. Tiende a ser ordenado, persistente, enfocado y diligente en su enfoque de la resolución de problemas, el aprendizaje y la investigación.

Capítulo 9: Pasos, procesos y técnicas de resolución de problemas

La resolución de problemas es la forma en que se alcanza una meta desde un estado presente, en el que, en el estado presente, o bien no te mueves directamente hacia la meta, estás lejos de ella, o necesitas una lógica más compleja para encontrar los pasos hacia la meta. Cuando se trata de resolver problemas, tienes que trabajar a través de cada aspecto de un problema y luego encontrar la mejor solución para resolverlo. A menudo temes o a veces te sientes incómodo cuando surgen los problemas. Es un problema en sí mismo enfrentarse a un problema, por eso cada problema necesita una solución. El mayor error en la solución de un problema es tratar de encontrar una solución de inmediato. Eso es un error porque lo que necesitas es una solución al final. Encontrar soluciones inmediatamente pone la solución al principio del proceso, lo que estropea todo el asunto. Resuelves un problema cuando alcanzas una meta o un estado.

Cuanto más difícil e importante es el problema, más útil y necesario es usar un proceso disciplinado. Se utilizan bases de conocimiento únicas para abordar diversas situaciones problemáticas. Las bases son expectativas básicas de cómo funciona el universo. Cuando identificas, interpretas y evalúas un problema, se basa principalmente en lo que ya sabes. Por ejemplo, un gerente de hotel puede saber por qué un determinado problema es más importante y urgente que otro porque sólo él o ella tiene un conocimiento completo de su departamento. El conocimiento podría, por lo tanto, ayudar o dificultar la resolución de problemas.

En este capítulo vamos a entender la definición de un problema, el análisis y la síntesis de un problema, así como a describir el proceso de resolución de problemas.

Definición de un problema

Un problema es una situación o materia que se considera perjudicial y que debe ser superada. Un problema también se puede referir como el factor que no es satisfactorio y que causa dificultades en el día a día de las personas. La palabra problema, sin embargo, tiene diversos significados que van desde los problemas comerciales hasta los problemas de organización. El problema puede entenderse mejor y familiarizarse con el uso de otras palabras como dificultad.

Análisis del problema

El análisis de problemas es la investigación realizada sobre un problema para averiguar su causa con el fin de identificar una mejora en un sistema, procedimiento, proceso, diseño o cultura. El análisis de problemas se centra principalmente en encontrar la causa y el efecto de un problema determinado y establece formas de resolver el problema. La clave del análisis de problemas es definir el problema, tener pruebas del problema, impartir el problema, encontrar las causas y establecer las recomendaciones del problema existente. Las sugerencias son, en la mayoría de los casos, el reverso de los propósitos de los problemas.

Este proceso al solucionar problemas es esencial en el sentido de que puede utilizarse para analizar un problema, comprenderlo y generar una serie de oportunidades de mejora. También es útil para evaluar las oportunidades y determinar los probables beneficios en caso de que se aprovechen. Existen cuatro tipos de análisis de problemas;

Análisis de causa y efecto - Este método de análisis de problemas se ocupa de averiguar las causas y los efectos producidos por un problema.

Análisis de causa raíz - Este método de análisis señala la causa principal de un problema entre todas las causas probables de una situación problemática.

Los cinco porqués - Preguntarse cinco porqués de manera consecutiva ayuda a darse cuenta y revelar las causas más profundas de un problema dado.

El diagrama de espina de pescado - Este es un método de ver el problema desde diferentes ángulos basándose en los múltiples casos raíz descubiertos. La técnica puede utilizarse para sugerir recomendaciones sobre cómo solucionar los problemas.

Hay pasos hacia el análisis del problema, y se ha demostrado que ayudan a resolver y reducir los efectos de los problemas. Los pasos funcionan de manera diferente según la situación y los personajes involucrados. Las escuelas, los lugares de trabajo, las iglesias, todos tienen cada uno sus procedimientos de análisis de problemas que mejor se adaptan a ellos. El que se discute a continuación es el que se aplica a la mayoría de los individuos.

1. **Comprender el problema**

El primer paso hacia la autoayuda y la meditación, un individuo necesita entender los síntomas y la naturaleza de lo que está experimentando. Esto implica identificar la calidad del problema y por qué y cómo se convirtió en un desafío para usted. Se aconseja asumir cualquier responsabilidad o falta que pueda haber llevado a la dificultad que se experimenta en lugar de culpar inapropiadamente a otros. Si es posible, hay que hablar de la situación con un amigo de confianza para ganar y averiguar su perspectiva sobre el tema, de esta manera se entiende mejor la situación y por lo tanto es fácil saber cómo invertirla.

2. Dividir el problema en partes más pequeñas

El problema puede ser demasiado grande o es una maraña de muchos desafíos juntos. Resolver o buscar soluciones de esa forma puede resultar cansado y no es fácil de manejar para arreglarlo todo de una vez. El problema debe ser dividido en pequeñas partes manejables, y se debe establecer un plan para resolverlas una tras otra por separado. Identificar el primer problema que llevó a todos los demás es la clave para descomponer el problema. Este conocimiento ayuda a iluminar el siguiente problema y los pasos que deben tomarse para resolverlos.

3. Definir los objetivos del problema

Los pequeños problemas manejables en un momento dado deben ser eliminados. Debería haber metas hacia esto para completar el proceso de autoayuda para cada parte del problema mayor. Si uno no tiene metas o estrategias, entonces será una tarea difícil darse cuenta si el problema ha terminado o si sus efectos todavía se enfrentan. Las metas se definen al tener una clara comprensión de la situación problemática y las causas fundamentales identificadas. Los objetivos, por lo tanto, son los métodos que describen cómo y cuándo se hace la inversión de los propósitos del problema y el resultado esperado después de eso.

4. Decidir cómo medir el progreso hacia los objetivos del problema

Los objetivos pueden estar alineados para frenar una situación dependiendo del problema específico. El mejor objetivo que se adecue al problema se decide en función de los siguientes factores que favorecen a los afectados por el problema. Los factores incluyen: cuál es el punto de partida del problema, cuánto ha avanzado uno hacia el logro del objetivo y cómo sabrá uno que ha cumplido el objetivo y ha terminado con el problema.

Síntesis de un problema

Mientras que el análisis de problemas implica descomponer un problema en diferentes componentes, la combinación de un problema combina muchas ideas en una sola para comprender la calidad compartida de los planes. Se considera que la síntesis de un problema está más orientada al futuro, ya que percibe la afirmación de "qué podría ser" en lugar del comentario de "qué puedo hacer". Se centra más en la comprensión del problema, así como en el establecimiento de las posibles soluciones del futuro a partir de una combinación de percepción, conocimiento e imaginación. Ofrece una forma completa y elaborada de resolver los problemas, ya que implica un pensamiento estratégico y la capacidad de síntesis de imaginar el panorama general de una cuestión. La síntesis de un problema proporciona aspectos críticos sin esfuerzo para resolver tanto los problemas existentes como los nuevos.

La síntesis de un problema se basa más en el enfoque a largo plazo de la solución de problemas. Esto se debe a que la solución de un problema incluye no sólo ver el problema real sino también encontrar una solución al mismo. Apresurarse a través de todo el proceso podría llevar a que tal vez se causen más problemas. La síntesis reúne el arte de "es posible" y hace una combinación de diferentes elementos mirando el contexto en el que el problema fue causado y ocurrió y luego expandiéndolo en todas las áreas posibles haciendo que sea un problema totalmente más significativo. Muchos líderes carecen de un lente de síntesis en sus tareas de resolución de problemas. Esto lleva a más preguntas en lugar de a la resolución de problemas, debido a que no entienden el problema de manera crítica. Por lo tanto, deben equiparse con conciencia propia y ofrecer madurez profesional en el papel que desempeñan en la resolución de problemas.

La mente sintetizadora tiende a mirar los problemas complejos como un todo en lugar de dividirse en pequeñas piezas manejables. Cuando se trata de resolver problemas, es aconsejable aprovechar los sistemas de elaboración de problemas, ya que la elaboración de problemas ayuda a adoptar una perspectiva amplia y abierta y a resolver el problema sin crear demasiadas cuestiones nuevas. La lente del sistema también ayuda a ver un sistema más completo con piezas interactivas y objetivos de resolución de conflictos.

Importancia de la resolución de problemas

Todos jugamos un papel en la creación o solución de problemas a través de nuestras palabras, acciones e incluso pensamientos. La resolución de problemas es la capacidad de revertir los efectos adversos de un problema de una manera efectiva. La resolución de problemas implica definir el problema, generar alternativas al problema, y elegir la mejor opción a implementar. La capacidad y la técnica de resolución de problemas son igualmente importantes tanto para las personas como para las organizaciones porque refuerzan el ejercicio del control y la autoridad en el entorno. La importancia de la solución de problemas en la comunidad incluye lo que se expone a continuación;

1. **Arreglar las cosas rotas**

El paso que se emplea para resolver un problema contribuye a la eficacia general y al cambio de un desafío. Las preguntas reflexionan sobre las relaciones rotas, los procedimientos y, por lo tanto, sobre un mecanismo para identificarlos y deducir medidas y métodos para solucionarlos. Las razones de la ruptura que determinan un curso de acción forman parte de la solución del problema.

2. Abordar los riesgos

La inteligencia ha permitido a las personas arreglar los problemas a medida que surgen, así como tener la capacidad de anticiparse a los acontecimientos futuros basándose en las experiencias y tendencias del pasado. El arte de la solución de problemas también es aplicable a esos problemas y también puede utilizarse para permitir que las acciones inmediatas influyan en la posibilidad de que vuelvan a ocurrir como antes o alteren su impacto. Los investigadores han logrado desarrollar y aprender tendencias de causa y efecto en la relación de los problemas y sus orígenes en diferentes entornos y épocas.

3. Mejora del rendimiento

Las personas y las organizaciones no pueden existir únicamente sin depender unas de otras y sin tener vínculos de relación. Por consiguiente, la acción de una de ellas afecta a la otra persona o a una organización directa o indirectamente. El acto de interdependencia entre individuos y organización a organización potencia el trabajo en equipo y crea una fuerza de unidad hacia la solución de problemas más complejos. La resolución de problemas nos ayuda a tener una comprensión más profunda de las relaciones e implementar los cambios y mejoras necesarios para competir seriamente y sobrevivir en un entorno dinámico.

4. Buscando la oportunidad

Resolver es también crear nuevas cosas e innovaciones para lograr un entorno más deseable. Nos permite pasar por diferentes oportunidades, que podemos explotar y controlar.

5. Tomar decisiones

Es esencial para aprender las habilidades de resolución de problemas ya que todos tenemos que tomar decisiones unas cuantas veces en nuestras vidas, ya sea un estudiante o un padre. Esto se debe a que cada persona se enfrenta a problemas todos los días a su nivel. La habilidad de resolución de problemas es crítica y esencial que todas las personas la desarrollen y la perfeccionen a través del entrenamiento, la práctica o el aprendizaje de los demás.

El proceso de solución de problemas

El proceso de resolución de problemas consiste en los siguientes pasos:

Identificación del problema
El problema en cuestión debe ser claro. Debe identificar la fuente correcta de un problema para no hacer que los pasos realizados sean inútiles. No se deben hacer suposiciones para resolver el problema en cuestión. Por ejemplo, si tienes un problema con el rendimiento laboral. Primero, debes identificar la causa del problema. Puede ser el resultado de un sueño inadecuado o de una carga de trabajo excesiva. Pero si asumes que el problema es que el trabajo es demasiado difícil, entonces el problema no se resolverá.

Problema a interpretar
El problema debe ser bien interpretado y comprendido una vez que se ha identificado. La mejor solución es la que asegura que se aborde el problema de todos. Para obtener soluciones con diferentes perspectivas, deben considerarse esas diferentes perspectivas para entender cualquier problema. Por ejemplo, después de identificar que el problema es una carga de trabajo excesiva que afecta a su desempeño laboral, es necesario interpretar y comprender el problema en sí y su causa, y después de eso hay que resolver las razones que subyacen al problema.

Formación de la estrategia
Una estrategia debe estar bien desarrollada para ayudar a encontrar la mejor solución. Debe formular estrategias diferentes para cada situación diferente; también debe depender de la

preferencia única de cada individuo. Tomemos el ejemplo del problema del rendimiento laboral. Después de identificar y comprender el problema, se debe trazar una estrategia. Intente formular un plan de trabajo para gestionar la carga de trabajo y al mismo tiempo poder dormir lo suficiente, lo que, a su vez, conducirá a un mejor rendimiento laboral.

Información que debe organizarse

Debe haber una revisión de las estrategias y un refinamiento para obtener resultados perfectos. La exactitud de las soluciones depende en gran medida de la cantidad de información proporcionada. Lo que se sabe y lo que no se sabe sobre el problema en cuestión debe ser considerado para ayudar a averiguar más sobre el problema.

Recursos a asignar

Debido a que los recursos como el dinero, el tiempo y estos últimos son muy limitados, debes decidir cuán alta es la prioridad para resolver tu problema lo que, a su vez, te ayudará a identificar los que usarás para encontrar la solución. Si el problema es importante, puedes asignar más recursos para resolverlo. Sin embargo, si el problema no es tan importante, no vale la pena el tiempo y el dinero. Tomemos un ejemplo en el que consigues un trabajo en un país diferente. El problema aquí es si hay suficientes recursos disponibles para resolver el tema de los gastos y si se recuperará o no el dinero después de haber viajado todo el camino. Si hay ganancia, entonces por qué no.

El progreso a ser monitoreado

Para que sea eficaz en la resolución de problemas, debe controlar regularmente su progreso. Cada progreso debe estar bien documentado. Y, si no estás haciendo tantos progresos como se supone que deben, tienes que reevaluar el enfoque adoptado o de cualquier manera buscar nuevas estrategias. Tomemos el primer ejemplo en el que el problema era el rendimiento laboral. Después de que todos los pasos correctos son tomados para el problema, el progreso también debe ser monitoreado para lograr resultados perfectos.

Los resultados a ser bien evaluados

Por último, hay que evaluar la solución para saber si es la mejor solución posible para el problema en cuestión. Aunque se haya encontrado una solución, no termina ahí. La evaluación puede ser inmediata o puede tardar un tiempo. Tomemos un ejemplo de una respuesta a un problema de ciencia que se puede comprobar en ese momento y allí, sin embargo, una solución a su problema anual con declaraciones de impuestos podría ser imposible de evaluar allí mismo.

Técnicas y herramientas necesarias para la resolución de problemas

Para resolver eficazmente un problema, es crucial que utilicemos técnicas importantes que sean útiles;

Crear un equipo (trabajo en equipo): podrá discutir eficazmente el problema en cuestión porque como es bien sabido dos cabezas son mejores que una. El trabajo en equipo también conduce a la creatividad y ayuda a pensar fuera de la caja.

Tener un diagrama (Causa & Efecto): También conocido como diagrama *fishbone*, le ayuda a explorar todas las causas potenciales y reales que normalmente conducen a un solo fallo o defecto. Se utiliza con fines de lluvia de ideas. La sesión de lluvia de ideas puede actuar eficazmente como un gran método para obtener ideas y causas. Por ejemplo, todos los participantes pueden presentar sus ideas, y el que recoge las ideas puede grabarlas. Las ideas inusuales son bienvenidas, y es importante centrarse en la cantidad.

Utilice los cinco "por qué" para ayudar a llegar a la raíz del problema. Es importante basar los porqués en hechos y observaciones, no en opiniones. Por ejemplo, cuando el problema en cuestión es por qué su coche no arranca, entonces los porqués pueden ser; ¿por qué? - La batería está muerta; ¿por qué? - El alternador no funciona; ¿por qué? - La correa del alternador se ha roto; ¿por qué? - La correa del alternador nunca ha sido reemplazada; ¿por qué? - No le han dado un buen mantenimiento al coche. El último por qué siempre debe ser la causa principal del problema. Usted debe ser capaz de hacer que las herramientas trabajen para usted y no ser un esclavo de las herramientas.

Barreras de la resolución de problemas

La resolución efectiva de problemas requiere más atención, tiempo y voluntad para ir más despacio. Pero menos tiempo y atención de la que requiere un problema no bien resuelto. No siempre es un ejercicio estrictamente lineal el trabajar en este proceso. Con esto, tenemos varias barreras:

La irrelevancia de la información. Esto es cuando la información no relacionada que no ayudará a resolver un problema se presenta como parte de él. Típicamente, esto distrae del proceso de resolución de problemas, porque puede parecer pertinente y al mismo tiempo distraerlo de encontrar la solución más eficiente. Un ejemplo de un problema obstaculizado por información irrelevante es. La respuesta, por supuesto, no es ninguna de ellas: si están en la guía telefónica, no tienen números no listados. Pero la información extraña al principio del problema hace que mucha gente crea que tiene que realizar algún tipo de cálculo matemático. Este es el problema que puede causar la información irrelevante.

Fijación funcional y conjunto mental. La fijación funcional ocurre cuando el propósito previsto de un objeto obstaculiza la capacidad de una persona para ver sus otros usos potenciales. Por ejemplo, digamos que necesita abrir una tapa en un contenedor de metal, pero sólo cuenta con un martillo. Tal vez no se dé cuenta de que puede utilizar el extremo puntiagudo y de dos puntas del martillo para perforar la parte superior de la lata, ya que está tan acostumbrado a utilizar el martillo como una simple herramienta de golpeo que un conjunto mental es una tendencia inconsciente a abordar un problema de una manera particular. Nuestros conjuntos mentales están formados por nuestras experiencias y hábitos pasados. Por ejemplo, si la última vez que su teléfono se congeló lo reinició y funcionó, puede ser la única solución que se le ocurra para la próxima vez que se congele.

Las restricciones son innecesarias. Esta barrera aparece en la resolución de problemas causando que la gente inconscientemente ponga límites a la tarea en cuestión. Un ejemplo famoso de esta barrera para la resolución de problemas es el problema de los puntos. En este problema, hay nueve puntos dispuestos en un cuadrado. Al que resuelve el problema se le pide que dibuje no más de cuatro líneas, sin levantar su lápiz o bolígrafo del papel que conecta todos los puntos. Lo que sucede a menudo es que el solucionador crea una suposición en su mente de que debe conectar los puntos sin dejar que las líneas salgan del cuadrado de puntos. Los solucionadores son literalmente incapaces de pensar fuera de la caja. Los procedimientos estandarizados de esta naturaleza a menudo implican restricciones mentalmente inventadas de este tipo.

Es cierto que la mayor falla de la resolución de problemas es el salto a las conclusiones. También se puede decir que los problemas de los objetos son más fáciles de resolver que los problemas de las personas, porque las personas que anticipan los posibles problemas se consideran generalmente negativos.

Capítulo 10: Habilidades para la resolución de problemas

La resolución de problemas tiene significados ligeramente diferentes dependiendo de la disciplina en cuestión. En psicología, es un proceso mental mientras que en informática es un proceso computarizado. Sea cual sea la disciplina o la situación, ya sea en la escuela o en el trabajo, ya sea en el seno de la familia o en una reunión pública, se enfrentará a un problema. Se le pedirá que proponga una solución al problema al que se enfrenta lo antes posible para evitar un estancamiento.

Requerirás un conjunto especial de habilidades comúnmente conocidas como habilidades de resolución de problemas. Entonces, ¿cuáles son exactamente estas habilidades de las que siempre estás oyendo hablar? ¿Cómo las adquieres y lo más importante, cuándo y cómo las aplicas? Las habilidades de resolución de problemas son rasgos que te permiten evaluar la situación y llegar con calma a una solución. Te ayudan a determinar el origen del enfrentamiento sin ser prejuicioso, a pensar críticamente en el problema y a ofrecer una solución duradera que sea favorable para ambas partes.

Estas habilidades se adquieren a lo largo del tiempo con años de experiencia. Son importantes en cada carrera a cualquier nivel y como resultado la resolución efectiva de problemas puede requerir habilidades técnicas específicas del trabajo. Si bien las habilidades de resolución de problemas son requeridas por los empleadores, también son muy útiles en otros aspectos de la vida como las relaciones interpersonales y la toma de decisiones del día a día.

Gran parte del trabajo en la solución de problemas implica la comprensión de cuáles son realmente los problemas subyacentes del problema y no sólo lo que se puede ver. Por ejemplo, cuando se trata de una queja del cliente, puede parecer sensato tratar el problema lo antes posible. En realidad, es correcto encontrar rápidamente una solución al problema para evitar que el cliente se enoje y pierda clientes como consecuencia. Sin embargo, el empleado que se ocupa de la queja debería preguntarse qué es lo que realmente causó el problema en primer lugar. De esta manera, se puede evitar la recurrencia del problema en el futuro.

Aunque la capacidad de resolver problemas suele describirse como una habilidad propia y separada, hay otras habilidades relacionadas que contribuyen a esta capacidad adquirida. A continuación, discutimos algunas de las habilidades clave para la resolución de problemas: -

Escuchar activamente
La escucha es el componente más importante de las habilidades de comunicación interpersonal. No es algo que simplemente ocurre, sino que es un proceso activo en el que se elige escuchar y comprender los mensajes del interlocutor. Como habilidad, puede adquirirse y desarrollarse con el tiempo con una práctica continua. Implica concentrarse plenamente en el mensaje del orador en lugar de limitarse a escuchar pasivamente lo que éste tiene que decir.

Cuando se resuelva un problema, tendrás que ser un gran oyente. Tendrás que escuchar a las dos partes que están involucradas en el enfrentamiento y entender realmente lo que están tratando de decir. Los signos de escucha activan incluyen, entre otros, sonreír, mantener el contacto visual, una postura adecuada y la capacidad de reflejar las expresiones faciales del orador. También implica hacer preguntas donde uno no puede entender.

Cuando uno escucha y entiende a ambas partes, se hace posible que se llegue a una solución duradera que no favorezca a ninguna de las partes.

Investigación

Esta es una habilidad esencial para resolver un problema, ya sea en una situación simple o compleja. Como solucionador de problemas se le pedirá que identifique la causa del problema y la comprenda plenamente. Esto podría implicar una simple búsqueda en Google en situaciones simples o un proyecto de investigación más riguroso en situaciones complejas como cuando se escribe una tesis de investigación.

Comienza por reunir más información sobre la situación escuchando los testimonios de los compañeros y empleados. Luego se le pedirá que verifique la información recopilada ya sea preguntando a un segundo o utilizando pruebas contundentes como en libros o dispositivos digitales. Entonces podrá consultar a los empleados más experimentados sobre el camino a seguir en relación con el tema o hacer una investigación en línea antes de llegar a su solución.

De esta manera podrá ofrecer una solución a un problema que no sólo entienda su causa fundamental, sino también la cronología de los acontecimientos que llevaron al enfrentamiento.

Pensamiento analítico
El pensamiento analítico es el examen detallado de los elementos o la estructura de algo. Esto da como resultado un conocimiento adicional, soluciones o ideas relacionadas con el problema o tema. Es un proceso complejo que implica la identificación de un problema, la recopilación de más información relativa al problema y el desarrollo de soluciones a su problema. A continuación, se procede a probar la nueva solución o idea basándose en la información que se ha recopilado antes de examinar la situación para averiguar si la solución ha funcionado o no.

Las habilidades analíticas están en demanda en muchas industrias y son comúnmente listadas en los requisitos del trabajo durante un anuncio de empleo.

Comunicación

La capacidad de comunicación es quizás una de las más importantes de todas las aptitudes para la vida, ya que es importante no sólo para mantener las relaciones de trabajo sino también las relaciones interpersonales. En pocas palabras, la comunicación es el acto de transferir información de un lugar a otro, ya sea verbalmente, por escrito o digitalmente. Nos permite pasar información a otras personas y entender y poner en perspectiva lo que se nos dice.

Cuando se resuelve un problema, las habilidades de comunicación son muy útiles. Ya sea cuando se trata de reunir información sobre el problema o cuando se pasa información a las partes interesadas sobre cómo abordar la situación. Es necesario utilizar un lenguaje verbal y corporal apropiado para evitar transmitir un mensaje equivocado y, por lo tanto, crear más conflicto del que ya existe.

Creatividad

La resolución de problemas y la creatividad van de la mano. Se puede perder mucho tiempo tratando de encontrar una solución a un problema en la empresa. Por lo tanto, es importante que usted como responsable sea bastante creativo para ayudar en la gestión del tiempo. Idea estrategias que ayuden a prevenir el problema en lugar de esperar a que suceda para poder abordarlo. También tienes que ser capaz de identificar un problema en sus primeras etapas y encontrar maneras de evitar que se agrande y se salga de control.

En resumen, como líder inteligente, es totalmente su responsabilidad entender que el mejor enfoque para la resolución de problemas es evitar un problema en primer lugar. Aunque es técnicamente imposible evitar los problemas por completo, los problemas serios y de pérdida de tiempo pueden mantenerse a raya usando este enfoque. Se trata de crear un entorno en el que se aliente a los empleados a utilizar su iniciativa para remediar los problemas tan pronto como se produzcan. Además, el gerente y sus empleados deben ser capaces de percibir los problemas antes de que ocurran. Además, los problemas deben verse como oportunidades para aprender y crecer en lugar de como un obstáculo.

Fiabilidad
La fiabilidad es una habilidad muy importante en la resolución de problemas. Es ser capaz de ser dependiente, de ser digno de confianza. Es ser responsable de tus acciones y no tener el hábito de culpar a otros. Es terminar la tarea asignada a tiempo. No sólo terminar la tarea, sino también hacer el trabajo a fondo y entregarlo en el plazo previsto. Se trata de ser confiable, de que alguien pueda depender de usted y no esperar a ser decepcionado.

Los problemas deben ser identificados y resueltos a tiempo. Como solucionador de problemas, sus compañeros deben poder confiar en que será muy confiable cuando maneje la situación. Deben confiar en que pondrá la situación actual en primer lugar y que llevará a cabo sus investigaciones sobre la situación actual de manera rápida y efectiva. También deben creer que no se olvidará de lo que se supone que debe hacer, dejándolos sin solución a su problema. La solución de problemas consiste en hacerse cargo de la situación como el líder que usted es y entregar los resultados de manera oportuna y efectiva.

La toma de decisiones
La resolución de problemas y la toma de decisiones son dos habilidades estrechamente relacionadas. La toma de decisiones implica elegir finalmente una de las muchas soluciones que tienes

en línea. No sólo llegar a una conclusión, sino también elegir la solución más adecuada y fiable. Una que favorezca a ambas partes sin ser perjudicial. Se trata de analizar críticamente la situación y de hacer una extensa investigación sobre el problema.

Se trata de aceptar que no se puede confiar sólo en la propia inteligencia para ayudar a resolver la situación, que se necesita ayuda de personal más experimentado o de los medios impresos y digitales. Se trata de hacer una lista de todas las soluciones que se te ocurran y de pensar críticamente y analizar la situación para poder elegir una. La única solución elegida debe ser la más efectiva y adecuada según la situación. Como líder, es por lo tanto primordial que usted sea un buen tomador de decisiones. Sus empleados le admirarán para ver con qué viene. Es su decisión la que determinará cómo progresa la situación. Ya sea que empeore o que finalmente salve la situación.

Creación de un equipo

Un equipo es un grupo de personas que se reúnen con un propósito común. Ya sea un trabajo o un comité para actividades posteriores como una boda o deportes. En general, un equipo tiene un objetivo y propósito común. En su lugar de trabajo, son un equipo. Aunque en diferentes departamentos, con probablemente diferentes objetivos establecidos, todos tienen un propósito según la misión y la visión de la empresa. Ya sea resolviendo un problema en casa, en el trabajo o cuando trabajen en su tesis como estudiantes graduados, el trabajo en equipo es muy crucial para el proceso de llegar a la solución.

Por lo tanto, es importante que, al resolver un problema, todas y cada una de las partes interesadas participen en el proceso. Sensibles a sus subordinados y compañeros de trabajo en la resolución de problemas. Déjenlos entrar en lo que realmente está sucediendo. Sensible a los plazos, las dificultades con los suministros o los retrasos en los pagos. Escuche a su personal y deje claro que está interesado en escuchar lo que tienen que decir.

Cuando surja un problema, escuche atentamente a ambas partes y deje que le digan cómo se sienten respecto a la situación. Deje que le digan cómo creen que debe proceder.

Incluso frente a los problemas, déjelos sentirse como un equipo y trabajar como tal a pesar de los desafíos que enfrentan. Cuando escriban su tesis, la participación de todas las partes interesadas, incluyendo su profesor y su departamento es crucial. Los necesitarán a todos en diferentes momentos durante la escritura de su tesis.

Inteligencia emocional

La inteligencia emocional se refiere a la capacidad de identificar y manejar las emociones propias y las de los demás. Es una habilidad crucial que no sólo es importante para resolver un problema sino también para interactuar con otros. Permite no tomar las cosas personalmente, pensar con madurez sin tener en cuenta sólo las emociones propias y, sobre todo, las de los demás. Te permite mirar el problema críticamente y considerar su impacto emocional en la vida de los afectados. Para empatizar con los demás y poner sus propios sentimientos a un lado.

De esta manera, harás una solución que considere las emociones de los afectados. No seguirás adelante y serás cruel sólo porque sientes que la situación te afecta más. En cambio, la solución que hagas se hará desde un punto de vista cuerdo, maduro y libre de la influencia de las emociones propias.

Gestión de riesgos

Cada acción que haces en tu vida diaria es un riesgo. Cuando decides comer fuera en lugar de cocinar, estás corriendo un riesgo ya que no sabes si la comida que pides está contaminada y podría causar una intoxicación alimentaria. Incluso cocinar para ti mismo es un riesgo, ya que no sabes si ese es el día en que el gas decide ser defectuoso, volando tu casa. Con esto en mente, es importante que tenga en cuenta que la resolución de problemas implica correr un riesgo.

Incluso con una adecuada escucha activa, una extensa investigación y consulta, la solución a la que llegas conlleva un riesgo. No sabes si será efectiva o terminará creando más problemas para ti. Además, no estás seguro de si el resto del personal aceptará tu solución. Tendrás que ser ágil para identificar cuando tu solución no funciona, para que puedas encontrar rápidamente otra solución y así salvar rápidamente la situación.

A continuación, se presentan algunos consejos para mejorar su capacidad de resolución de problemas

Adquiera más conocimientos técnicos en su campo
Dependiendo del campo en el que se haya especializado, ya sea ingeniería, psicología o ciencias de la salud, le será más fácil resolver los problemas en el campo si tiene los conocimientos técnicos de trabajo adecuados. De esta manera, no sólo estará tomando decisiones a ciegas o aconsejando a otros mediante el uso de rumores que ha escuchado. Obtendrá más conocimientos técnicos si regresa a la escuela para hacer un curso adicional, más entrenamiento y práctica en su campo de especialidad.

Busca oportunidades para resolver problemas
Siempre se pone en situaciones nuevas. Puede ser que se ofrezca como voluntario para nuevos proyectos en su puesto actual, en otro equipo o fuera de su lugar de trabajo para otra organización. De esta manera es probable que se exponga a nuevas oportunidades para resolver problemas. Lenta pero seguramente adquirirá las habilidades necesarias para resolver problemas, ya que se enfrentará constantemente a nuevos retos que la situación requiere que aborde.

Problemas de práctica

Como dicen, la práctica hace al maestro. Encuentre las herramientas de práctica apropiadas para usted. Pueden ser libros de práctica o tutoriales en línea sobre cómo resolver problemas. Elija el más apropiado dependiendo de su industria. Esto le expondrá a diferentes desafíos que esperaría en su lugar de trabajo. Tratar de manejarlos en ese momento, aunque sea de forma teórica, puede ayudarle a encontrar rápidamente soluciones efectivas una vez que se enfrente al mismo desafío en el trabajo.

Observar cómo resuelven los problemas de los demás

En su lugar de trabajo, definitivamente hay personas con más experiencia que usted, sin importar su posición o rango. Así como los niños aprenden observando e imitando lo que hacen sus mayores, nosotros también podemos aprender. Cuando surge un problema y no eres tú quien lo resuelve, es importante que prestes mucha atención a lo que está pasando. Seguir de cerca los acontecimientos del problema y anotar cómo la otra persona está manejando la situación. De esta manera, cuando se enfrente a una situación similar, podrá abordarla con la mayor confianza.

Cada día de nuestras vidas, nos enfrentamos a una situación difícil, ya sea en la escuela, el trabajo o en casa. Estas situaciones requieren que veamos las cosas desde todos los ángulos para poder encontrar una solución adecuada. Por lo tanto, es importante que nos entrenemos en cómo manejar tales situaciones, primero informándonos sobre las habilidades adecuadas para resolver problemas y luego poniendo en práctica lo que hemos aprendido. No olvidemos que estas habilidades son aplicables en todos los aspectos de nuestras vidas, no sólo cuando buscamos trabajo. Por lo tanto, es importante que las adquiramos por el bien de la coexistencia pacífica con los demás.

Conclusión

Gracias por llegar al final de la GUÍA PARA PRINCIPIANTES DE PENSAMIENTO CRÍTICO Y SOLUCIÓN DE PROBLEMAS: ¡Conviértase en un mejor pensador crítico y solucionador de problemas, usando herramientas y técnicas secretas que impulsarán estas habilidades y su toma de decisiones ahora!

Esperemos que la información haya sido capaz de proporcionarle todas las herramientas que necesita para convertirse en un mejor pensador crítico y un solucionador de problemas efectivo. Al terminar este libro, serás capaz de poseer la maestría que buscas para hacer juicios correctos de los argumentos y analizar y resolver claramente las situaciones.

Hemos repasado la definición del pensamiento crítico, los diferentes tipos de pensamiento crítico, el marco del pensamiento crítico y los elementos de las normas intelectuales. Este libro ha ofrecido técnicas fáciles de usar, pero muy poderosas y efectivas que los estudiantes y el resto del mundo pueden adoptar para convertirse en mejores pensadores críticos. Ahora está familiarizado con las razones para adoptar el pensamiento crítico y cómo aplicarlo en la vida real. También has aprendido que tienes el poder de resolver todos los problemas, siempre y cuando estés dispuesto a pensar de manera crítica y diversa.

Para que usted mejore sus habilidades de pensamiento crítico, es vital que abarque todos los consejos y técnicas que ha leído aquí. Puede que no esté en el orden en que los he enumerado en este libro, pero debes usar la mayoría de ellos para obtener los máximos beneficios. Ahora es consciente de que convertirse en un gran pensador y ser capaz de razonar bien requiere práctica. Lo siguiente que querrá hacer es poner en práctica las cosas que ha leído aquí; de esta manera, actualizará el conocimiento que ha adquirido.

Finalmente, si encuentra este libro útil de alguna manera, ¡siempre se agradece una crítica honesta!

www.ingramcontent.com/pod-product-compliance
Lightning Source LLC
Chambersburg PA
CBHW051701160426
43209CB00004B/986